地区统计指标数据可靠性评估方法研究

DIQU TONGJI
ZHIBIAO SHUJU KEKAOXING
PINGGU FANGFA YANJIU

朱　胜　刘锦扬　等著

中国财经出版传媒集团
中国财政经济出版社

图书在版编目（CIP）数据

地区统计指标数据可靠性评估方法研究 / 朱胜等著 .
-- 北京 : 中国财政经济出版社，2019. 12
ISBN 978 -7 -5095 -1713 -0

Ⅰ. ①地… Ⅱ. ①朱… Ⅲ. ①统计指标 - 数据可靠性 - 评估方法 - 研究 Ⅳ. ①C813

中国版本图书馆 CIP 数据核字（2019）第 290578 号

责任编辑：胡 懿　　　责任校对：李 丽
封面设计：王 颖

中国财政经济出版社 出版
URL：http：//www. cfeph. cn
E - mail：cfeph @ cfeph. cn

社址：北京市海淀区阜成路甲 28 号 邮政编码：100142
营销中心电话：010 - 88191537
北京财经印刷厂印刷 各地新华书店经销
710 × 1000 毫米 16 开 12. 75 印张 215 000 字
2019 年 12 月第 1 版 2019 年 12 月北京第 1 次印刷
定价：58. 00 元
ISBN 978 - 7 - 5095 - 1713 - 0
（图书出现印装问题，本社负责调换）
本社质量投诉电话：010 - 88190744
打击盗版举报热线：010 - 88191661 QQ：2242791300

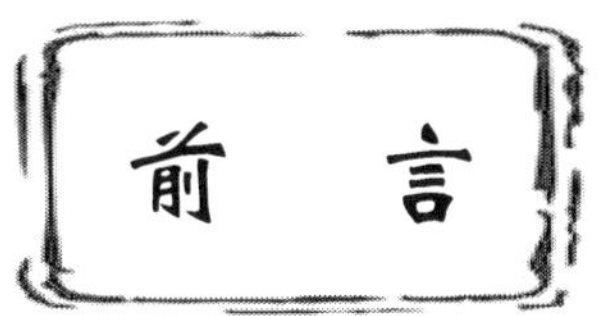

前言

改革开放以来，我国经济持续、快速增长，引起了世界的关注，作为衡量经济发展状况的统计数据及其质量也成为国内外相关机构、学者注意的焦点问题之一，人们热衷于讨论我国经济增长的异常性和波动性特征，讨论我国经济统计数据的可靠性。

关于我国统计数据质量和可靠性的讨论已有很多，但国内外发表的有关我国统计数据质量方面的文献，多数是从微观角度描述和讨论统计数据质量和可靠性问题及引发统计数据质量问题的有关统计管理体制、统计方法制度等方面原因，尚缺乏系统的对统计数据质量和可靠性的全面评估和严格诊断。

现有文献对国家层面的统计数据质量的研究较多，对地区统计数据可靠性的研究却很少，对地区统计数据可靠性评估方法的研究又更加稀少。虽然地区统计数据不像国家的统计数据那样容易引起社会公众的普遍关注，但它们对地区经济的管理和调控有很重要的作用，而且地区统计数据可靠性是国家统计数据可靠性的基础，对国家统计数据可靠性有着决定性的影响。加强对地区统计数据可靠性的评估既是保障地区统计数据质量的前提，也是保障地区统计数据质量的重要手段。

本书以地区主要统计指标数据可靠性的评估方法为研究的核心内容，研究了地区主要统计指标数据可靠性评估的目标任务、方法体系，对地区生产总值、地区工业增加值、地区能源消费总量、地区全社会固定资产投资、社会消费品零售总额等主要指标可靠性评估方法进行了专题研究与实证研究，有助于完善统计数据质量评估方法体系，具有重要的理论和实践意义。

(1) 有助于提高我国统计数据的可靠性。国内外相关研究机构和专家学者从不同角度对统计数据进行了相关的分析和研究，得出数据之间存在不协调情况的问题，从而质疑我国统计数据的可靠性。对我国地区统计数据可靠性进行评估，将有助于帮助数据生产者从数据源头评估数据的可靠性，从而提供更具有可信度的数据，提高统计数据的可靠性。

(2) 进一步丰富地区统计数据可靠性评估方法。现有地区统计数据可靠性评估方法较多，比较零散地发布于各种文献之中。本研究系统阐述逻辑关系评估法、异常值评估法、地区经济核算评估法、重点调查数据推算评估法、普查数据基础调整法、统计数据可靠性抽查评估法、内部民调评估法、计量经济模型法等，将有助于丰富地区统计数据可靠性的评估方法体系。

(3) 提供更具操作性的地区统计数据可靠性评估方法。地区统计数据可靠性的评估方法众多，或从统计管理体制方法进行研究，或从统计方法制度方面寻找原因，或从专业技术方面进行评估，但均具有一定的局限性，或者研究角度单一，或者具有主观随意性，或者评估方法过于专业而缺乏可操作性。因此，全面总结和研究地区统计数据可靠性评估方法体系，将进一步丰富我国统计数据可靠性的测定手段，提供具有广泛可选择性和可操作性的地区统计数据可靠性测定方法。

(4) 对我国统计工作中数据质量的评估工作具有指导作用。当前我国统计数据可靠性遭受质疑主要表现在统计数据的设计、调查、整理和发布等流程和阶段未能有效保障数据的可靠性，从而导致某些地方的统计数据脱离实际情况，地方统计数据失真，并进而影响全国汇总的统计数据可靠程度，影响了政府统计的公信力，影响了国家对宏观经济运行的有效调控。对地方统计数据可靠性评估方法进行研究，将对我国统计工作中数据质量的评估工作具有指导作用。

本书的作者有成都信息工程大学的朱胜、刘锦扬、成美纯、张佳佳、孙媛媛、吴玉蔓、王一曲等，由朱胜、刘锦扬对全书进行了总撰。

由于作者水平有限，文章错漏在所难免。欢迎各位读者批评指正。

目　录

第一章 导论

第一节　选题背景和意义

一、选题背景

近年来，我国经济持续、快速增长，引起了各国的热切关注。作为衡量经济发展状况的统计数据及其质量必然成为国内外相关机构、研究学者关注的焦点问题之一，尤其是关于经济增长速度的真实性等问题更是引人关注，人们十分关心我国经济增长的异常性和波动性特征，讨论我国经济统计数据的可靠性。统计数据是否真实可靠？如何评估统计数据的真实可靠性？如何保证统计数据质量？学术界也进行了广泛讨论。

有关我国统计数据质量和可靠性的讨论很多，但从已有的相关统计数据质量方面的文献来看，绝大多文献都是从微观角度描述和探讨统计数据质量和可靠性问题及引发统计数据质量问题的有关统计方法制度、统计管理体制等方面的原因，对统计数据质量和可靠性缺乏系统的、全面的评估和严格的诊断。已有文献对统计数据质量和可靠性的定量评估方法主要包括主成分分析法、生产指数法、异常值逻辑评估法、相关分析法、经济核算法等，并没有一种较为成熟的、适用面较为广泛的且简便易行的数据质量和可靠性评估方法，这也是引起学术界辩论的重要原因。

现有文献大多是针对国家层面上的统计数据质量的研究，针对地区统计数据可靠性的研究相对较少。虽然地区统计数据不像国家的统计数据那样容易引起社会公众的普遍关注，但它们对地区经济的管理和调控有很重要的作用，而且地区统计数据可靠性是国家统计数据可靠性的基础，对国家统计数据可靠性有着决定性的影响。加强对地区统计数据可靠性的评估既是保障地区统计数据质量的前提，也是保障地区统计数据质量的重要手段。

二、研究意义

（一）统计数据的真实性是统计工作的生命

数据质量是统计工作的生命，只有真实可信的统计数据，才能真实地反映经济社会发展倾向，深刻揭示经济社会运行规律，才能为政府的科学决策提供重要保障。“数据质量是统计工作的生命线。统计能不能客观反映经济和社会发展情况，能不能成为政府决策的合格的参谋，能不能引导和促进科学发展，都取决于统计部门提供的统计数据是否准确客观、真实可信。”

（二）当前我国统计数据可靠性问题不容忽视

我国经济社会正处于体制转轨和快速发展时期，越来越多的统计信息被政府各部门、社会各界所需要，对统计数据质量提出的要求也越来越高。随着经济的迅猛发展和改革开放的不断深入，新概念、新现象、新问题不断涌现，统计工作的难度加大。同时由于现行统计体制、统计方法制度、统计工作方式、统计指标体系还存在较大缺陷，一些关系经济发展全局的、衡量工作成绩的、涉及利害关系的统计数据容易出现不同程度的偏差，造成部分统计数据的准确性和可靠性降低。统计工作具体实施过程中还存在着各自为政、统计数据和信息发布缺乏统一性和规范性、统计制度的规范性和统计指标体系的标准化程度低、标准化体系尚未成型等问题。因此，建立卓有成效的统计数据可靠性评估与校准系统十分重要。

（三）地方统计数据可靠性决定着国家统计数据的可靠性

国家统计数据是基层单位统计数据一层一层搜集、汇总的结果，其数据来源于地方统计数据。因此，国家级统计数据的质量和可靠性在一定程度上由地方统计数据的质量和可靠性决定。地方统计数据质量和可靠性的有效把握和控制，需要规范性统计制度进行约束，需要明确指标体系的统计标准和范围，需要科学有效的评估校验统计数据的方法体系，需要协调高效的统计工作管理体制。因此，为提高地区统计数据质量，保障国家级统计数据的可靠性，需建立一套完整有效的地区统计数据评估方法体系和校验系统，从而及时对其做出客观评价和校准。

（四）统计数据可靠性问题主要出在地方上

部分地方的统计数据真实可靠性缺乏保障，数据不同程度脱离实际是当前我国统计数据质量存在问题的主要表现。2005 年初“两会”期间，时任国家统计局局长李德水说，“多年数据显示，各省区市汇总的 GDP 增速高于全国核算数 2 个百分点左右，而省内各地市的数据又高于省级核算数 2 个百分点左右，各县级数据又高于市级核算数 2 个百分点左右。2004 年各省区市上报的全年 GDP 汇总数据，与国家统计局公布的 GDP 增速相比，竟高出 3.9 个百分点，总量差距高达近 2.7 万亿元”。长期以来，我国明显存在着全国与地方各省（自治区、直辖市）地区生产总值加权汇总数据不一致，各省与辖区内各地市州加权汇总的数据不一致的现象。地方统计数据的严重失真使得政府统计的社会公信力受到严重影响，不仅如此，国家对国民经济运行的准确掌控也受到影响。所以，加强对地方统计数据可靠性的评估和管理具有重大的现实意义。

（五）对地区统计数据可靠性评估方法的研究较为薄弱

从现有的文献来看，大多关于统计数据质量的文献是从微观角度探讨统计数据质量问题，较多探讨引起统计数据质量问题的有关统计方法制度、统计管理体制等方面的原因，以及如何提高统计数据质量的对策建议等。我国可供进行研究的数据从总体上来看还不充分，目前全面系统地针对统计数据真实可靠性的评估、严格的诊断和有效的校准系统的研究还很缺乏。现有的少量文献也主要是集中在国家层面对统计数据可靠性评估的研究，对地方统计数据可靠性评估方法的研究则寥寥无几，尤其是对地方统计数据可靠性的评估校准系统研究还未涉及。应该看到，对地方统计数据的可靠性评估方法及校准系统研究，对帮助全面完善统计数据质量评估和校准方法体系具有重要的理论意义。

总的来说，对地区统计数据可靠性评估方法研究的主要理论意义有以下 3

个方面：

第一，进一步丰富完善了地区统计数据可靠性评估方法。现有的地区统计数据可靠性评估方法多是零散地分布于各种文献中。本书系统阐述逻辑关系评估法、异常值评估法、地区经济核算评估法、重点调查数据推算评估法、普查数据基础调整法、统计数据可靠性抽查评估法、内部民调评估法、计量经济模型法等，有助于丰富和完善地区统计数据可靠性的评估方法体系。

第二，有助于促进地区统计数据可靠性评估的科学化与规范化。目前关于对地区统计数据可靠性的研究主要是利用经验分析法选取一个或多个与被评估指标关系较为密切的指标来进行定性的判断研究，具有一定的主观性，或是从数据来源的角度，利用相关数据间的平衡关系对统计数据的可靠性进行评估，具有一定的局限性。因此，本书的研究有利于引导地区统计数据可靠性评估走向科学化与规范化。

第三，改进和完善地区统计数据可靠性的评估方法。现有研究几乎都是从微观角度来描述和讨论统计数据质量、可靠性问题，以及引起统计数据质量问题的有关统计方法制度、统计管理体制等，而在对统计数据质量及其可靠性的全面评估和严格的诊断研究上，尚未探索出一种全面的、成熟的、系统的、简单易行的评估方法。本书致力于改进和完善地区统计数据可靠性的评估方法。

地区统计数据可靠性评估方法研究的实践意义主要有以下 3 个方面：

第一，有助于提高我国统计数据的可靠性。国内外的研究学者从不同的角度对我国的统计数据进行相关研究分析，发现数据之间存在着不协调的情况，以致我国的统计数据可靠性受到质疑。探索合理的方法对我国统计数据进行可靠性评估，可以保证源头数据的可靠性，从而保证提供更加真实可靠的数据，最终提升我国统计数据质量和可靠性。

第二，提供更具有操作性的地区统计数据可靠性测定方法。从目前的研究来看，有的从统计管理体制方法的角度对地区统计数据可靠性评估进行研究，有的从统计方法制度的角度对地区统计数据可靠性评估进行研究，还有的从专业技术角度对地区统计数据可靠性评估进行研究等，但现有的研究要么角度单一，要么过于主观，要么方法太过专业以致操作困难，总之都具有一定程度上的局限。因此，建立一套全面、合理、系统的地区统计数据可靠性评估方法体系，将会进一步完善我国统计数据可靠性的测定手段，提供简单易行、实践性强的地区统计数据可靠性评估方法。

第三，对我国统计工作中数据质量的评估工作具有指导作用。由于我国统计数据的设计、搜集、整理和公布等流程缺乏保障，统计数据的可靠性受到质疑。缺乏可靠性保障使得部分地方的统计数据与实际远远不相符，造成统计数据严重失真，以至全国数据汇总出现偏差，数据可靠性大打折扣，政府统计的公信力、国家对宏观经济运行的调控都受到不同程度的影响。对地方统计数据可靠性评估方法进行深入研究，不仅可以保证统计数据的可靠性，还对我国统计数据质量的评估工作起到一定程度的指导作用。

第二节　文献综述

一、统计数据质量的内涵与标准

严格来说，统计数据质量是一个综合性概念，与统计数据的可靠性是两个不同的概念，因此应该从多维角度来全面认识。现在的国内外文献中对统计数据质量没有一个统一的定义。

在 20 世纪 80 年代前，国际统计界对控制数据质量、缩小统计误差方面的研究主要是从数理统计、抽样技术方面入手，来达到提高数据准确性的目的，70 年代末，统计数据质量的内涵得到了扩展。1980 年联合国统计局出版的《统计组织手册》对官方统计资料提出 8 项要求：统计资料要通过指标的相互联系形成有机的体系；统计资料要保持历史连续性；统计服务的方向应针对许多类使用者；应当保障提供调查资料的被调查者的利益或秘密；统计资料应当及时收集和加工、及时公布；统计工作必须充分理解使用者进行决策和研究的需要；统计机构必须客观公正、不受任何偏见的影响；为了统计资料的准确性和及时性，统计机构应当有胜任的业务和行政领导。这 8 项要求已经远远超出统计数据所要求的准确性和及时性。T. Dalenius（1983）提出包括统计数据的准确性、时效性、经济性、相关性、保密性、数据详细程度等在内的统计数据质量的“测量向量”。Forsman 和 Schreiner（1991）通过重复调查法概括了重复调查实施的 4 种目的，分别是：识别误解调查程序并需进行补救培训的调查员、识别编造数据的调查员、估计回答偏差和估计简单回答方差。Richard 等

（1998）认为对计算机辅助调查、电话调查、电话输入数据搜集系统等信息传输技术的应用，将会让统计数据的质量提升到一个新的水平。

为提高成员国的统计数据质量，国际货币基金组织（IMF）于1998年制定了数据公布特别标准（SDDS）、数据公布通用系统（GDDS），2001年颁布了数据质量评估框架（DQAF）等国际标准，对其成员国统计数据的生产、发布以及对数据质量定性评估提供了方法上的指导。Gordon Brackstone（2000）提出了相关性、及时性、准确性、可解释性、可取得性和一致性6个维度上的统计数据质量评估方法，更深入地阐述了统计机构针对每一个维度进行管理的具体方法；由此提出包括用户联络系统、合作计划系统、方法及标准系统、发布系统和进展报告系统在内的有效数据质量管理所必需的5个子系统。John Cornish（2000）根据其所在国统计实践的经验，提出了具体的方法，从而建立统计数据质量评价指标体系并进一步修正统计数据质量。Karl Anton Froeschl 和 Wilfried Grossmann（2002）设计了一个完整的统计数据质量管理的框架，通过运用此框架对各方面数据的质量与其生产过程进行匹配。

统计数据质量的内涵在国内统计学界也没有一个统一的定义。王强、许亦频（1990）认为统计数据质量的内涵应包括准确性、适用性、时效性和经济性4个方面。但较为公认、权威的统计数据质量的概念是李金昌（1998）提出的“统计数据是一个综合性的概念”。从用户角度来看，统计数据的质量取决于准确性、及时性、有用性、完整性和简便性5个方面；从形成过程来看，取决于数据的搜集、整理、存储、分析和开发质量5个环节；从经济效益来看，取决于投入产出之间的对比关系。余芳东（2002）明确提出了数据质量的内涵，即统计信息对用户需求的满足程度。这个定义得到蒋忠波（2006）的认同。刘洪（2006）在余芳东提出概念的基础上进一步深化，指出在市场经济条件下，衡量统计数据质量的标准不再单纯的准确性，作为一种统计产品，统计数据的质量应该从使用者的角度出发，把用户满意度作为首要考虑因素。因此，数据质量是指统计信息对用户需求满足的程度或特性，包括准确性、时效性、完整性、客观性、可获取性、有用性、用户满意度和操作的简便性和可说明性。邱东、宋旭光（2008）从数据的提供者和使用者两个角度来考虑数据质量的含义。他认为，从使用者角度来看数据质量内涵包括准确性、适用性、及时性、可获得性、可比性，从提供者角度来看，统计数据质量的内涵应包括可解释性、经济性、客观性。

总之，国内学者对统计数据质量的含义在某些方面基本达成了一致：一是衡量统计数据质量的唯一标准不再是准确性，随着时代的发展数据质量的内涵变得更加丰富。二是使用者对统计信息使用的满意度可以作为统计数据质量的定义。三是统计数据质量应从多角度进行综合考虑，不应局限于使用者、提供者等。

二、统计数据可靠性的评估方法

目前对统计数据质量的研究方法可以归纳为4类：基于统计数据质量的逻辑性评估方法、基于异常值角度的数据可靠性评估方法、基于误差角度的数据可靠性评估方法和基于核算角度的数据可靠性评估方法。但是，现有的这些评估方法主要是评估数据的准确性和可靠性。

（一）统计数据可靠性评估方法综述

1. 基于统计数据质量的逻辑性评估方法。任何经济活动之间都存在千丝万缕的联系，或是相互联系，或是相互制约，反映经济活动之间关系的统计指标间也存在简单或是复杂的关系，如果统计数据质量出现偏差，就可能引起统计指标之间的相互关系发生变化。这时需要采用逻辑性评估方法进行判断，主要包括基于相关性的逻辑性评估方法和基于规则的逻辑性评估方法。利用此种方法的有杨海山和许启发（2001）。

逻辑性评估方法可归纳为以下5个方面：一是通过不同计算方法资料进行验证；二是利用不同来源资料进行验证；三是利用相关指标加工进行验证；四是利用相关指标对比控制；五是其他逻辑规则的数据验证。这种方法主要目的还是基于狭义的统计数据质量评估：统计数据的准确度。

2. 基于异常值角度的数据可靠性评估方法。异常值也称奇异点、离群值等，是指在数据集中与平均值的偏差超过两倍标准差的数据，这些数据让人怀疑其产生并非由于随机偏差，而是出于完全不同的总体或分布。产生异常值主要有以下两个原因：一是客观因素所致，如因总体条件突然变化或是因人们未知的某个因素的突然出现等；二是由主观因素引起，即人为因素的干扰等，这种原因导致产生的异常值是有质量问题的统计数据，因此若从异常值的角度对数据质量进行评估，不仅要判断出数据集中的异常值，还需结合异常值产生的原因识别其是否由统计数据质量问题所致。通常用以下3种方法对异常值进行检验：一是基于时间序列的异常值分析，如杨小唤、王乃斌（2002），李子奈、周建（2005），周建、刘兰娟（2006），刘洪、黄燕（2007），刘洪、黄燕（2009）等的研究；二是基于对数正态分布的统计分布的异常值检验，如成邦文等（2001）的研究；三是基于探索性数据分析的方法，如傅德印（2001）等的研究。

3. 基于误差角度的数据可靠性评估方法。统计数据质量问题的实质是误差问题，即公布或提供的统计数据与客观存在的经济现象数量特征上的不符，这造成统计数据质量较差，不能反映社会经济现象。因此，从误差的角度研究数据质量，可以把“统计数据描绘经济现实的思想”展现得淋漓尽致（杨清，2000），而在现实实践中，绝对准确的数据是不可能存在的。因此，关键是存在的误差（观测值与真实值之差）是否能被用户所接受。杨清（2000）、屈耀辉和曾五一（2004）在这方面做了开拓性的工作。王华、金勇进（2010）从误差效应和用户满意度方面对统计数据质量评估方法进行了全面、系统的研究。

依据统计调查误差理论，调查误差被分为系统性误差和随机误差。目前针对随机误差的研究较多，技术非常成熟，对系统性误差的研究相对较少，这主要是因为系统性误差产生的原因较多（如自然因素、人为因素、国家政策的调整等），且大多原因不可预测，难有规律可循，因此研究难度较大。在对各种复杂因素引起的计量误差进行测量和检测方面的研究更少，这也是往后需要研究的课题方向。

4. 基于核算角度的数据可靠性评估方法。从核算的角度对统计数据进行质量评估，是通过确定的核算方法，对被评指标核算中存在的问题进行探索，分析问题存在的关键，充分挖掘所拥有的资料，重新对被评指标进行估算，对估算结果与官方计算结果进行比对检验，如张新和蒋殿春（2002）等的研究。但是，这种方法依然存在很多问题，如同一数据采用不同的估计方法估计，其估计结果可能存在很大的差异，与所需数据相关的信息资料难获取，也会使得估计结果存在或多或少的差异。除此之外，所需数据的搜集、整理也可能存在某些困难。因此，这种方法在实际操作中存在困难。

5. 统计数据可靠性评估中交叉样本技术的运用。实际调查中，需考虑调查人力、财力及调查范围等相关问题，所以大多数调查主要以非全面调查的方式进行，这不可避免地会导致数据出现偏误，而原始数据存在的偏误是造成统计数据出现质量问题的重要原因。杨清、吴伟霞（2000）提出了对原始资料偏误进行监控技术，即利用方差分析、多重比较的 q 检验法（或 HSD 检验法）

和交叉样本技术的思想来进行统计原始数据质量的评估和检验。主要方法是根据交叉样本技术，将所得到的样本原始资料进行分组，在分组基础上进行方差分析，若各组之间存在显著性差异，则说明资料存在计量差错或得到有偏误的回答，反之则可认为资料是可靠的，然后进行多重比较的 q 检验，选出效果最好的那一组（或几组）作为估计的依据。杨海山（2001）通过建立组合模型的技术，利用误差控制法和估计区间判断法对统计数据质量进行评估与监控。

6. 统计数据可靠性评估中层次分析法的运用。统计调查数据的收集必定会涉及统计指标体系的设置，而统计数据的质量在某种程度上由统计指标设置的合理性所决定。许涤龙、张芳（2003）从统计信息的内容、表述、约束三个方面对统计信息质量进行综合分析，系统地描述了统计信息质量的评价标准，建立了系统的三层结构的评价指标体系，每个指标的权重采用层次分析法确定，避免权数确定过于主观，这在一定程度上能较准确地反映每个指标的相对重要性；然后建立二级指标评估模型，结合定量和定性分析，深入探究具体的统计质量评估方法。

（二）对中国宏观经济统计数据可靠性评估方法的相关研究

国内外研究学者对我国宏观经济数据质量尤其是统计数据的准确性或可靠性展开深入研究，总结出其研究方法主要有以下几种：体制分析法、指数法、经典计量模型法、相关变量分析法。

1. 体制分析法。体制分析法是一种定性分析方法。它的应用主要以世界银行为典型代表，其分析过程为：先对我国国民经济核算体制进行分析，之后针对某些重要的宏观经济指标进行估算并调整（周建，2005）。此方法存在明显缺陷：对我国基本国情了解不够透彻，数据的调整不够准确，比较粗糙，不可避免地因数据调整使得结果与中国的实际情况不符。例如，许宪春（1999）认为世界银行对中国 GDP 的调整存在不少问题，包括范围调整问题、一致性调整问题、估价调整问题等。

2. 指数法。指数法是指为消除价格因素的影响而利用各种指数对宏观经济统计数据进行调整的分析方法。指数法的应用主要以 S. Zirmai、Maddison、Ren 和 Wu 为代表。

虽然指数法的存在可以消除价格因素影响的优势，但其依旧存在某些局限，如由于指数的种类繁多，若报告期选用的指数与基期不同，会导致计算结果存在很大差异。这要求研究人员对各种指数的适用范围有一定程度的了解。

此外，还需要对统计核算方法的调整有深刻的认识。

3. 经典计量模型法。经典计量模型法是通过经典的经济计量方法来研究数据质量。这类方法的应用以孟连和王小鲁、Klein 和 Ozmucur、朱胜为代表。如孟连和王小鲁（2000）运用生产函数对中国经济增长统计数据的可信度进行了估计，其分析结果认为 1992—1997 年工业增加值增长率高估了近 1/4，GDP 增长率虚增了 2.5 个百分点。Klein 和 Ozmucur（2002）利用 1980—2000 年的数据，选取了 15 个变量，采用主成分分析方法提取其主成分，并与 GDP 增长率进行回归分析，研究结果发现中国官方公布的 GDP 增长数据完全符合经济规律。朱胜（2006）从能源、税收、运输和贷款四个角度，分别利用二次或三次曲线对我国历年 GDP 数据进行拟合，并给出了相应的 GDP 置信区间。

经典计量模型法主要是依据经济理论进行建模，模型形式和指标变量的选取均需依赖经济理论，因此指标选取较规范。但是，经典计量模型法建立的计量模型易受选取指标的影响。若选取的指标过多，容易导致错判。因此，使用该方法时不宜选取过多的指标作为解释变量。

4. 相关变量分析法。相关变量分析法是选取两个有关系的变量，通过其中某个变量的变化规律来探究另一个变量的规律。这种方法主要代表为 Rawski、Lardy。Rawski（2001）根据经济增长与能源消费的关系质疑 1996—2000 年中国官方公布的 GDP 数据的真实性，认为 GDP 数据存在严重的上偏误差，中国官方的经济增长率明显与实际不符。任若恩（2002）认为 Rawski 的计算方法以偏概全，并通过对 1971—1999 年日本、韩国、德国等发达国家的考察发现，Rawski 假定的经济增长率与能源消耗增长率应大致相同的假设不成立，因此对 Rawski 的研究结论加以质疑。

相关变量法也存在很明显的缺陷，它过度依赖于用一个变量的发展变化规律来判断另一变量的变化规律。如果该变量所在的外部环境发生变化，就无法准确真实地判断另一变量的变化发展趋势。

（三）地区统计数据可靠性评估方法研究现状

目前，国内外对地区统计数据质量或真实可靠性进行评估的文献较少，阙里和钟笑寒等学者在这方面做了开创性的研究。

阙里和钟笑寒（2003）利用中国 28 个地区（省、市、自治区）近 20 年 10 个经济基础变量的平行数据（采用各指标的增长率数据），运用主成分分析和固定影响变截距模型的经验分析方法对各省市 GDP 增长率进行了评估。实证结果发现，中国地区的 GDP 统计数据没有出现违背经济规律的统计特征，并且中国地区 GDP 增长统计相对比较真实。但是，该研究没能进一步揭示中国地区 GDP 增长率虚增程度。

刘洪和黄燕（2009）采用生产函数构造计量模型，运用异常值检验方法及统计诊断原理对地区 GDP 统计数据质量进行定量评估，证实了该方法的有效性。但是，该研究的评估对象是 GDP，忽视了 GDP 作为因变量，其数据是不可靠的，再用它来拟合得出的结果可能也是有问题的。

刘小二、谢月华（2009）通过假设 GDP 虚增是各省有关部门根据适应性预期对数据进行调整的结果，利用主成分分析、面板数据的有关方法来对我国各省 GDP 是否存在虚增，各地区的 GDP 虚增部分是否有关联效应进行了检验，利用混合数据和变系数模型发现我国 GDP 确实存在虚增，CSD 检验也证明了不同地区的 GDP 虚增成分存在关联效应。但是，该文章得出的各地区 GDP 虚增程度是值得怀疑的，并且其原因解说不足以让人信服。

周国富、连飞（2010）在考虑地理空间因素对经济增长的影响基础上，采用空间面板模型对我国地区 GDP 数据的可靠性进行了经验分析，认为我国地区 GDP 数据不存在系统性偏误。但是，大部分省区（21 个）GDP 数据的可靠性较低，存在一定程度上的偏误。该文章在研究方法上具备一定的创新性，但是其选用的指标值得质疑，如作者选择的全社会固定资产投资指标，其数据可信度广受质疑，另外该文章并未对我国地区 GDP 做出可靠科学的定量评估。

吴雨蔓、朱胜（2012）利用四川省近 30 年的经济变量数据，采用关系分析法和多因素模型分析法对四川省地区经济增长统计数据的可靠性进行了评估。评估结果表明，改革开放以来至 20 世纪 90 年代末期，四川省地区经济增长统计数据相对比较可靠，经济增速在波动中呈上升趋势，1997 年后地区经济增长数据则存在一定程度的虚增误差。

三、我国统计数据质量现状及问题

（一）我国统计数据质量的现状

应该指出，我国统计数据在总体上是具有可靠性的，统计数据的质量也是有保障的。但是由于某些原因，当前统计数据失真的现象也确实存在（朱胜，

2009)。当前统计数据失真主要表现为以下几个方面：一是统计数据失真（统计数据不实，与实际情况相差甚远）；二是统计指标口径不统一，统计数据的可比性较差（邱东，2008）；三是统计数据适用性差，不能“适销对路”（黄磊，2008）。

（二）我国统计数据失真原因的系统性分析

通常情况下，我国统计数据失真主要原因可归结为以下两个层面：制度层面和技术层面。颜日初和朱喜安（2003）研究认为数据失真不仅与局部人为因素的干扰有关，还与基础统计数据不准、基层统计力量薄弱有关，更和现行统计管理体制存在缺陷漏洞有关。裴辉儒（2006）通过研究我国统计工作的现状，发现存在诸多问题，导致这些问题出现的原因既有管理体制上的，也有统计方法上的。战廷和芝钟萍（2008）认为当前统计数据质量存在问题的原因有：统计数据受行政干预；基层统计队伍变动频繁；统计基础薄弱以及统计人员素质有待提高。刘淑梅（2008）将统计数据失真的原因归结为：政府利益主体、企业利益主体、社会公众利益主体和统计部门自身利益主体等四个利益主体的相互影响、相互制约。

总结现有的研究成果，我国统计数据失真的原因可以归纳为：一是统计对象过于复杂，调查难度大；二是统计基础薄弱、基层负担过重；三是统计方法制度的改革滞后；四是统计活动目的不清，人为干扰日益增多；五是统计管理体制有待完善（朱胜，2009）。

四、统计数据质量的管理与控制

（一）统计工作流程的数据质量

统计数据质量的控制还要从数据来源进行考察，不应局限于其准确性、可获得性、可比性。针对统计指标体系设置的合理性问题，侯小维（2002）提出应减少使用频率低而调查成本高的指标，减轻基层统计负担，增加对国民经济趋势预测的先行指标内容，合理整合统计调查内容和指标体系，以便更好地反映统计信息。夏青等（2010）认为统计数据的质量既要从专业技术层面进行评估，又要从统计流程的各个环节加强控制，如从统计设计、统计调查、统计数据整理和统计数据发布四个阶段的统计工作流程出发，对统计数据质量控制标准与统计数据质量控制技术进行相关研究。李建民、邬宏平（2010）通过分析常见的统计数据失真、数据的非同一性等质量问题，提出了针对统计工作过程和人员的统计数据质量控制方法。

（二）统计数据质量管理的体系架构

统计机构的核心工作是统计数据质量的管理与评估，统计工作及活动有序开展的基本准则是统计数据质量管理体系架构的相关研究。

通过对国际上统计数据质量管理体系的总体架构和相互关系的系统梳理，程开明（2010）总结了关于加强我国统计数据质量评估和管理的相应理论。为让统计数据在整个生产过程中得到有效的控制，马元三（2010）提出建立基于统计数据质量的全面质量管理体系，以此提高统计数据质量。

邱东、陈梦根（2008）认为应依据国际标准，建立和完善中国统计数据质量评估和控制体系，采纳外部评估与内部评估相结合的数据评估方式，加强对统计的监督审核。喻友员、冯亮能（2008）从统计管理体制、基层人员素质、统计制度方法、政绩考核体制、微观企业配合情况等方面对统计数据质量管理体系做了详细分析。

（三）统计数据质量控制技术体系

从统计技术的角度出发，构建统计数据质量控制技术体系可对数据质量进行控制。傅德印（2000）提出：分类控制与评估技术，其原理是把统计分组原理与统计数据质量控制及评估的各项活动有机结合，如以调查变量或调查项目、调查误差类型等为依据的分类控制与评估技术。比较分析及探索性数据分析技术，是从统计数据生产过程及结果的角度出发，来确定统计数据质量证据，依据质量证据与相应的统计标准进行比较，进而得出统计数据质量结论并制定相应的控制措施的技术方法，如复查检验与抽样评估方法、数理统计检验法等。探索性数据分析技术是对极端值的抵抗性、残差分析、数据变换，数据展示简单直观。探索性数据分析方法包括茎叶图法、字母值法、箱线图法、编码表、悬浮式直方图以及中位数平滑法等。误差模型的建立与分析技术，其原理是以整体的方式测定抽样误差、非抽样误差以及汇总处理误差的影响并进行控制，其一般思路是：建立误差模型→分析误差影响→测定误差及调整修正误差。P. F. Velleman 和 D. F. Williamson（1983）对探索性数据分析方法在统计数据质量控制中的应用进行了详细研究。Bailar B. A.（1985）提出误差文档的建立及其对数据误差的监测应用，以便反映调查过程中的统计误差。以上三个技术组合成一个有机整体，建立系统规范的统计数据质量控制技术体系。

五、改进我国统计数据质量的政策建议

对如何改进我国统计数据质量，尤其是进一步提高统计数据的真实性、可靠性，颜日初和朱喜安（2003）强调要深化经济体制和统计体制改革，建立统计数据监督评估制度，加强基层单位统计力量和统计法制建设。陈弗里（2007）总结了现行统计数据质量评估办法，如加强法制力度、建立定期评估制度、开展统计数据质量审查、规范统计数据质量等，但是这些办法依然无法解决目前统计数据质量较差的问题。因此，他提出要建立科学、合理的数据质量评估标准和规范的数据质量评估和管理机制，以及进一步探索利用信息化技术等建议。皮垂燕（2007）提出应构建统计数据质量评估控制体系，建立专门的统计数据质量管理机构，制定评估制度、方法，加强统计法制宣传和执法力度，合理利用统计资源，提高统计产品的效益，提高用户对数据质量的满意度等，加强数据质量。刘淑梅（2008）认为应从干部管理制度改革、统计体制转变、统计数据质量评估监测体系构建和统计执法力度的增强等方面解决数据质量问题。黄灿灿（2008）、王玉洁（2009）也提出了类似的建议。曾晓峰（2008）则从统计流程的角度来分析如何控制数据质量，而刘美荣（2009）主张建立统计数据质量控制体系来提高数据质量。

总体来看，这些意见、建议对当前统计数据可靠性和质量提高有一定的参考和实用价值。但是，多数学者的研究仅是泛泛而谈，缺乏针对性和可操作性。

六、当前统计数据可靠性研究的不足

尽管国内外研究统计数据质量的文献较多，但这些研究存在四方面不足：一是统计数据可靠性评估方法的研究尚缺乏系统性，多数研究分散于统计工作的各方面；二是现有文献中国家层面的统计数据质量评估方法研究较多，对地方的和分指标的统计数据可靠性评估方法的研究少且局限于对 GDP 的评估；三是各地相继出台的统计数据质量评估或控制办法针对性较强，但主要属于经验总结，定性的判断多，对方法的科学性的论证不足，各地使用的方法差异也

很大；四是对地区统计数据校准系统的研究尚未起步。

第三节 统计数据可靠性的内涵与外延

一、统计数据质量的含义和标准

国内外统计学界在20世纪80年代以前基本上是着眼于提高统计数据的准确性，从统计技术角度，着力研究如何缩小统计误差、控制和提高数据质量；80年代以后，人们渐渐认识到数据质量是一个内涵丰富且受到多维因素影响的综合性概念，对统计数据质量概念的认识也发生了翻天覆地的变化。

统计数据质量从严格意义上来说并不等同于统计数据的准确性，统计数据质量的含义更为广泛，是一个综合性的概念，应该从不同的维度来理解。现有国内外文献中对统计数据质量的定义各不相同。各国统计机构和有关国际组织为满足用户需求，确定了统一的统计数据质量定义，制定了统计数据质量评估标准。国际官方统计界对数据质量概念的认识在某些方面已达成高度的共识：一是注重从使用者的角度来评价数据质量，强调使用者对统计信息使用的满意程度；二是数据质量是一个综合性概念，统计数据质量管理体系应公开、透明，并从多方位来衡量；三是准确性、适用性、及时性、可比性、可取得性和衔接性构成数据质量的基本要素。但是，目前各国统计机构和有关国际组织对统计数据质量含义的解释和理解还存在一定的分歧，主要是对于统计数据质量应涵盖哪几个方面，还没有统一的标准。各国从本国的实际情况以及对数据质量含义的理解出发，确定了不同的数据质量标准，如英国政府统计数据质量标准是准确性、及时性、有效性、客观性，国际货币基金组织统计局的质量标准是准确性、适用性、可取得性、方法专业性或完全性。如何参照国际的先进方法结合我国实际构建统计数据质量标准是本书着力探索的首要问题。

（一）国外对统计数据质量内涵的定义

世界各国统计机构和有关国际统计组织包括国内外研究机构对统计数

据质量含义的解释和理解同样存在着一定的分歧，对于如何界定统计数据质量的含义没有形成一个统一的标准。为此，各国根据本国的实际情况以及对统计数据质量的理解，确定了不同的统计数据质量标准，归纳如表1－1所示。

表1－1　各国统计机构和有关国际统计组织对统计数据质量的标准

国家或组织	统计数据质量标准
加拿大	适用性、准确性、及时性、可取得性、衔接性、可解释性
英国	准确性、及时性、有效性、客观性
荷兰	适用性、准确性、及时性、有效性、减轻调查负担
韩国	适用性、准确性、及时性、可取得性、可比性、有效性
美国	准确性、可比性、适用性
澳大利亚	准确性、及时性、适用性、可取得性、方法的科学性或健全性
欧洲统计局	适用性、准确性、及时性、清晰性、可比性、完整性
香港特别行政区人口统计署	相关性、准确性、及时性、可比性、一致性和可获得性
瑞典	准确性、及时性、可比性、一致性、可获得性
新西兰	相关性、准确性、及时性、一致性、可解读性
国际货币基金组织（IMF）	准确性、适用性、可取得性和方法专业性
经济合作与发展组织（OECD）	适用性、准确性、及时性、可取得性、一致性和成本—效率
联合国统计机构	适用性、可衔接性、客观性、准确性、及时性

注：该表统计资料是作者根据蒋忠波文章《浅谈统计数据质量评估》，邱东、宋旭光所著《中国统计能力研究》，陶用之所著《官方统计数据质量评估与控制》，以及搜集国外政府网站相关资料整理而成。

从表1－1可以看出，尽管世界各国统计机构和有关国际统计组织对统计数据质量含义的解释和理解存在分歧，但是它们对统计数据质量的含义的认识和理解在一些方面还是达成了一定的共识，主要体现在：一是注重从用户角度来衡量，强调用户对统计信息的满意程度；二是统计数据质量是一个具有丰富内涵的综合性概念，应从多角度、多方面来衡量；三是准确性是统计数据质量最基本的要求，但不是唯一要求。随着公民统计素养的提高和公众对统计数据质量的日益关注，统计数据质量的内涵也在不断发展。

（二）国内对统计数据质量内涵的讨论

国内统计学界对统计数据质量的内涵也未能形成一个统一的定义。王强、许亦频（1990）认为统计数据质量的内涵应包括时效性、准确性、适用性和经济性四个方面。李金昌（1998）认为统计数据质量是一个综合性的概念。从用户角度来看，统计数据质量取决于及时性、准确性、有用性、完整性和简便性5个方面；从形成过程来看，取决于搜集数据质量、加工整理质量、存储保管质量、分析质量和开发研究质量5个环节；从经济效益来看，取决于投入产出之间的对比关系。肖婷婷（2000）则认为统计数据质量的内涵应包括准确性、时效性、完整性、有用性和简便性。余芳东（2002）明确提出了数据质量的内涵，即统计信息对用户需求的满足程度。这个定义得到蒋忠波（2006）的认同。刘洪（2006）在余芳东提出概念的基础上做了进一步的深化。他指出：在市场经济条件下，统计数据作为统计产品的一种，其质量的定义应从使用者角度出发，把其所提供的信息是否满足使用者的需求作为主要考虑因素，而不是单纯地只用准确性来衡量统计数据质量。因此，数据质量是指统计信息对用户需求满足的程度或特性，包括准确性、时效性、完整性、客观性、可获取性、有用性、用户满意度和操作的简便性与可说明性。邱东、宋旭光（2008）从数据的使用者和提供者两方面来考虑数据质量的含义。他们认为：使用者角度的数据质量含义包括准确性、及时性、适用性、可比性、可获得性；从提供者方面来看，统计数据质量的含义应包括可解释性、客观性、经济性。

（三）统计数据质量的内涵与标准

虽然国内外学者对统计数据质量内涵没有形成一个统一的定义，但对统计数据质量含义的认识和理解在某些方面还是达成了共识：一是要求从数据提供者、生产者和使用者等多方面来考察数据质量，而不再只是强调提高其准确性；二是注重从使用者角度来考察数据质量，强调使用者对统计信息使用的满意度；三是准确性、及时性、适用性、可取得性、可比性和衔接性是构成数据质量的基本要素。

综上所述，统计数据质量的内涵极其丰富，是一个综合性很强的概念。从数据的提供者角度来看，统计数据质量主要包括可解释性、客观性、可衔接性和经济性；从生产者（被调查者）的角度来看，统计数据质量主要涵盖真实性、简便性、减轻负担性；从使用者的角度来看，统计数据质量主要包含准确性、及时性、适用性、可比性等。

尽管不同学者和机构有不同的定义，但从数据质量的构成要素来看，本书认为适用性、准确性、及时性、可取得性、可比性和衔接性是构成统计数据质量的基本要素。除此之外，从社会经济统计研究角度来看，统计数据质量应包括统计的信度和效度。

因此，统计机构需要对统计数据质量的特性进行多方位的权衡、选择和折中，以找到一个最佳平衡点，既满足使用者需求，又能够方便、快捷地获取。

二、统计数据可靠性的含义

“可靠”包括两层含义：一是可以信赖依靠，二是真实可信。统计数据的可靠性主要指第二种含义，即统计数据的真实可信的特性。这是本书对统计数据可靠性的理解。

统计数据质量不等价于统计数据可靠性。质量是属于哲学范畴的概念，可靠性则属于数理概念，质量是一个大概念，可靠性是质量范畴的小概念。可靠性是衡量质量标准之一的统计数据准确性的标尺，也是对实际值与真实值之间的误差进行估计，通常采用置信区间来描述。质量是一个多维度的概念，具有相对性。不同时期、不同的使用者对其都会有不同的质量标准和要求。如果要对社会经济统计数据质量做出准确的评价，则必须使用较为复杂的评价系统来完成。准确性、及时性、适用性、可比性、衔接性、可解释性等是共同关注的原则，因此世界各国统计数据质量的评价系统差别甚微。

准确性是指统计数据估计值（或观测值）与未知的真实值之间的接近程度，是统计数据质量在统计信息客观真实性方面的体现，也是统计数据质量的基础和核心内容。准确性与可靠性是对统计数据观测值或估计值与未知的真值之间差距即误差程度的不同描述，准确性对误差的要求更高。准确性要求误差在非常小的范围，而可靠性要求误差在可接受的范围。当统计数据观测值或估计值与未知的真值之间差距，即误差，在可接受范围中时，我们认为此时的统计数据是可靠的；反之，当统计数据观测值或估计值与未知的真值之间差距，即误差，超出可接受范围时，数据就是不可靠的。准确的统计数据一定是可靠的，可靠的统计数据不一定是准确的。

根据国内外研究者对统计数据可靠性的相关研究和理解，可对统计数据可靠性内涵的理解达成共识：一是统计数据可靠性是基于数据的，主要侧重于统计数据的数理统计方面；二是统计数据可靠性是用于描述统计数据质量的标准之一，是着重刻画统计数据质量准确性方面的标尺；三是统计数据可靠性的程度通过实际值与真实值之间的误差进行估计，通常利用置信区间或误差系数等来描述。因此可以认为，统计数据可靠性是侧重描述统计数据准确性和真实性方面的概念，用于综合体现统计数据对社会经济发展状况描述的客观性，有效反映统计数据对国民经济实际发展情况的偏离程度。

第二章 地区统计指标数据可靠性评估目标和原则

统计数据可靠性评估就是采用科学的方法，对依法调查取得的主要统计指标数据的误差程度和可靠程度进行判断，对存在的数据虚假等质量问题进行核实，对统计数据准确程度进行最终核实的过程。通过评估，可及时掌握统计数据的可靠程度或差错率的高低，系统查找影响数据可靠性的因素，并有针对性地采取措施，提高数据可靠性和准确性；同时促进统计制度方法改革、统计调查方法规范及各部门统计数据衔接，更好地满足各级政府宏观管理和决策的需要。

第一节 当前统计数据可靠性评估工作中存在的主要问题

近年来，为进一步提高统计数据质量，扼制虚假数据的产生，国家统计部门和各级地方统计部门不断改革和完善统计数据质量评估制度，付出了不懈努力。然而，当前统计数据质量评估工作中仍然存在着一些亟待解决的问题。

一、对评估工作的重视程度亟待提高

大部分地区的统计部门、统计人员过度重视调查环节，而忽视统计数据质量的评估，没有把其当作统计工作中必要的重要的环节看待，没有对数据的来源、质量、收集的规范性等进行评估、检验，由于缺少制度的约束，即便对某些指标数据进行了评估，也没有按照严格的规范进行，“重调查，轻评估”的

现象在实际调查工作中仍然普遍存在。作为统计工作过程中的必要环节，数据的可靠性评估应当引起高度重视，统计工作人员或统计部门应主动提高对数据可靠性评估工作的重视度，坚持在数据收集和公布的过程中做到全程公开、透明，加强对数据准确性、真实性和可比性的分析，从实际行动上切实保证数据可靠、真实。

二、评估的目标不够清晰

统计部门几乎尚未深入研究为什么要对数据的可靠性进行评估，数据评估需达到什么目标等问题，这一系列的问题导致数据评估的目标不明确，作用受限，使数据评估成为政府、企业、社会等各方权衡利益的舞台，沦为一种“谈判性”环节。提高统计数据质量，利用可靠的数据来真实、客观地反映社会经济运行及发展变化情况，是统计数据可靠性评估的主要目标。顺利开展统计数据可靠性评估工作与清晰的评估目标紧密相关，明确统计数据可靠性评估目标将会为往后的统计数据可靠性评估指明正确的前进道路。

三、评估的原则有待明确

目前统计数据可靠性评估仅通过经验或是片面的某种方法进行，尚未有明确的原则，因此数据评估过程不具规范性，从而使得评估结果也饱受争议。为了规范数据可靠性评估原则，可遵循以下实操原则：

（1）内部评估与社会评估相结合的原则；

（2）科学评估与经验评估相结合的原则；

（3）定量模型与定性评估相结合的原则；

（4）准确性与误差容忍度相结合的原则；

（5）多种评估方法综合运用的原则。

依据统计数据可靠性评估的基本原则，才能进一步探索合理、系统、科学和简单易行的数据可靠性评估的方式和方法。

四、评估的工作方式相对滞后

某些数据评估只是名义上的“评估”，因为其在评估过程中只是针对调查过程或是部分细节进行简单描述，忽略数据的可靠性，对数据也不做结论性的认定，最后形成的是汇报材料、工作总结，而非数据可靠性评估报告，因此这并不是真正意义上的评估，再加上现有的评估缺乏一套规范的评估程序，以致评估过程混乱，依据不足，缺乏对重要过程的把握，以偏概全的现象严重。

统计数据可靠性评估工作的开展应在职能上与其他统计业务工作区分开，明确数据评估的依据，完善数据评估制度，规范数据评估工作流程，有效管理数据评估资料，保证原始记录资料的完整性。要理顺统计数据可靠性评估的工作方式和基本程序，才能客观求实地用好统计数据评估，准确把握因素的影响程度，切实掌握统计信息的导向性，提高数据评估的实效性。

五、评估方法的有效性和针对性有待加强

部分地区统计部门采用的数据评估方法缺乏科学性、有效性和针对性，但是实际可操作性很强；有些地区数据可靠性评估体系缺乏相应的评估参数，忽略指标之间的逻辑关系，导致指标间关系混乱，因果倒置，牵强附会，最终使得评估结果与客观实际相悖，得到错误的评估结果。

切实提高统计数据评估方法的有效性和针对性是保障数据评估质量的前提条件。我国统计数据评估对象多、统计机构工作量大、现存的评估方法适用性不强，不断改进和创新现有评估方法体系，采用逻辑关系评估法、异常值评估法、数据推算评估法、基础数据调整法等评估方法，把现实中存在的问题进行有针对性的处理，将假设检验等方法运用到数据评估工作中，将有助于统计数据可靠性评估工作进一步加强。

六、评估脱离实际，深入调查研究不够，主观性强

对数据就数据论数据、就报表谈报表，对社会经济运行的发展动态了解不足，跟不上社会经济的发展以及所涉民生热门问题等，这是大部分地区在进行数据可靠性评估时存在的问题。评估与实际不相符使得统计数据难以客观、公正、科学、真实地反映社会经济和人民生活状况。

因此，为客观、真实地反映社会经济发展的实际情况，必须有针对性地关注社会发展中的各类社会热点问题，深入了解各企业、各部门的实地调研情

况，转变思考方式，切实把握各个指标之间的关联性、逻辑关系等，尽可能避免发生评估结果脱离实际的情况。

七、数据采集与数据评估工作一套人马，既是“运动员”又是“裁判员”

目前统计数据主要是由统计机构在数据进行收集、整理和分析的过程中进行数据质量的评估和鉴定。这种自我生产自我评价的处理方式本身不严谨，难以体现科学性，而且很容易因为利益原因造成评估结果与实际相差甚远。

应从统计数据可靠性的评估制度、方法体系、运行机制和结果公布等方面科学严谨地开展统计数据可靠性评估工作，全面考察评估工作开展的可行性、科学性和评估内容的有效性；要以独立审核方式开展评估工作，及时通报统计数据评估结果，接受社会各部门以及使用者的公开监督，从而保证数据评估的全面性、公正性和透明度，有利于从各个环节有效监督和管理评估工作的开展，提高评估工作的质量和成效。

八、缺少专门进行统计数据评估的组织机构

目前我国的统计数据质量评估制度还没有规定专门进行数据可靠性评估的组织机构，因此在统计部门工作中，数据评估工作与统计相关的其他业务并不能完全区分开，这造成评估与被评估的关系模糊不清，评估工作不能在客观、公正的条件下进行，评估缺乏统一的组织，评估制度太过随意，实际操作困难，这些问题均表明现有统计数据质量评估制度中存在大量缺陷。

为保证统计数据的可靠性，让统计部门做到权责明确，就必须建立起相对独立的数据评估组织机构，可在原有的统计执法机构部门基础上组织构建，也可以通过与审计部门联手建立统计数据评估相关机构。建立权责明确的数据评估组织体系，对提供统计数据的机构的统计工作过程和工作成果进行合理评估，有利于客观评价统计工作过程的规范性和检验工作成果的可靠性。

总的来说，提高统计数据可靠性，完善统计数据可靠性评估制度，改进统计数据可靠性评估工作，及时反映经济和社会发展中的各种新情况和新特点，为各级政府和社会公众提供及时准确的统计信息，对于促进国民经济全面协调可持续发展有着重要意义。

第二节　统计数据可靠性评估的目标和原则

一、统计数据可靠性评估的目标

统计数据可靠性评估的主要目标是给统计数据可靠性评估工作指明前进的道路和正确的方向。明确评估目标对于评估工作的顺利展开有着重要意义。统计数据评估的目标在于保障统计数据可靠性，进一步提升统计数据质量，客观地、准确地、及时地、真实地反映各地区国民经济总体运行以及社会发展情况。通过统计数据可靠性评估，可以及时掌握统计数据的可靠程度，剔除包含在其中的不合理成分，并且有针对性地采取一些有效的措施，不断提高统计数据质量，同时还可以不断促进统计体制以及制度方法改革，使得各级统计数据能很好地协调衔接，更好地满足党政领导宏观决策以及社会各界的需要，充分发挥统计的信息、咨询、监督和辅助决策等职能，切实提高统计工作服务水平，更好地服务于经济社会建设，为推动经济结构战略性调整和经济发展方式转变，保持社会和谐稳定和改善民生提供统计支持，为经济社会全面协调可持续发展提供优质而高效的统计服务。

二、统计数据可靠性评估的原则

统计数据可靠性评估工作是一项涉及面广、工作量大、原则性和政策性较强的工作，为了使评估工作达到预定的目标，切实提高统计数据的准确性和科学性，评估过程中需要注意遵循以下五个评估原则：

（一）内部评估与社会评估相结合的原则

统计数据质量评估主体应该多元化。评估主体“多元化”要求在统计数据可靠性评估工作中实行“统计部门主导、专业机构参与、社会公众监督”等多元评估主体的结合。评估主体的多元化意味着不仅各地区统计部门是统计数据可靠性评估的实施主体，而且企业、公众、社会机构、相关专家等也应当成为统计数据可靠性评估的主体和参与者，由此形成统计部门内部评估和社会机构外部评估相结合的双向推动模式。

（二）科学评估与经验评估相结合的原则

对统计数据可靠性进行评估，既要遵循科学客观的原则，又要充分利用以往的工作经验。在评估工作中，一方面，评估方法要科学规范，要尽量采用现代统计学方法对数据可靠性进行评估。对统计数据的来源渠道、口径范围、收集方法及数据加工整理等过程是否符合规范化要求，一定要严格审查。另一方面，在遵循评估方法科学化、现代化的前提下，也要充分利用以往的工作经验进行评估，更好更快地完成评估工作，要将采用科学方法的评估与统计数据评估人员的个人经验结合起来，做到评估方法科学，又与历史经验相符。

（三）定量模型与定性评估相结合的原则

评估统计数据可靠与否，通常可使用逻辑关系检验法、指标平衡法、账户体系法、经验评估判断法等定性评估方法以及运用数学或计量模型的定量评估方法，而各种定量模型和定性评估方法都有自身的优劣，需要相互配合使用。所以，在实际的评估过程中，需要坚持定量模型与定性评估结合运用的原则，在定量模型的基础上再进行定性分析，这样才能真正做到克服主观随意性，使统计数据可靠性评估建立在科学、客观的基础之上，最大限度确保评估结果的可靠性。

（四）准确性与误差容忍度相结合的原则

统计数据质量评估工作是统计数据质量控制的前提和根据，而作为统计数据质量概念的核心特征的统计数据准确性，必然也是评估工作的核心内容。但是，从宏观角度来看，统计数据的准确性是一个相对的概念，没有绝对准确的宏观统计数据——事实上误差是肯定存在的，是不可避免的，误差是统计数据的基本特征，因为调查样本的结构与总体结构总会存在差异，大规模统计调查中登记性误差也是难以避免的。本书所讲的可靠性是指统计数据与所描述现象的真值的离差不超过既定允许误差的范围。因此，在可以接受的误差及可信度范围内，我们认为数据就是可靠的。

（五）多种评估方法综合运用的原则

没有任何一种评估方法是尽善尽美的，因为各种数据质量评估方法均是在特定条件或某种假设条件下拟定的，其可行性在极大程度上受到这些条件的约束。因此，在实际的评估工作中，要综合运用各种科学的评估方法和手段对影响统计数据质量的各种因素进行系统的比较和分析，进而实现全方位评估。

第三节　统计数据可靠性评估的主要内容

每一个指标数据可靠性评估都要从以下方面入手：

第一，指标概念清楚明确。统计指标的内涵和外延要界定清晰、口径明确，要能够比较准确地反映国民经济运行某个方面的情况。

第二，方法设计科学严谨。影响统计数据质量的关键因素是统计方法制度，在调查设计上不能有大的瑕疵导致系统性误差，要切实降低调查范围覆盖不全、抽样调查样本数量不足、样本轮换不及时等方法设计缺陷导致的系统性误差。

第三，原始数据真实可靠。统计部门自己调查采集企业和住户家庭的原始数据，必须严格遵循科学规范的调查制度进行。从有关政府部门获取的数据必须来源于正式规范的统计资料。

第四，数据审核制度完善。对原始数据要进行严格的审核，从数据是否与其他指标协调、是否违反逻辑关系、是否正确使用计量单位等方面进行多角度审查，把误差消灭在最初阶段。未经审核的原始资料，不得直接使用。

第五，数据传输稳定可靠。统计数据在不同部门和不同软件间进行数据转换、交接等工作后，必须对数据进行再次审核，防止数据在传递过程中发生差错。原则上同一工序要经过两人次以上的复核无误后，方可进入下一工作程序。

第六，数据处理准确无误。汇总结果出来后，不得随意修改。要防止对统计数据的人为干扰，杜绝篡改、虚报、瞒报统计数据的行为。对各类人为影响统计数据质量的违法案件要严肃查处。

第七，数据评估制度健全。相同指标的不同调查频率、不同地区、不同发布来源的数据之间，以及绝对数与相对数之间、环比速度与同比速度之间等，有明确的逻辑关系，都应保持逻辑上的一致性、协调性或匹配性。

第八，数据发布规范有序。原则上数据的发布由综合统计部门统一负责和归口管理，防止数出多门影响政府统计的公信力。质量不高、易引起争议和质疑的统计数据不得发布。

第四节　统计数据可靠性评估的组织和程序

一、评估的组织

（一）会议评估

会议评估即通过组织专门的数据评估会议，集中对有关统计数据可靠性进行评估。评估会议一般由单位（统计局或调查队）领导主持召开，办公室负责组织和联络工作，参会人员由负责被评指标的责任部门领导、业务骨干和外请专家共同组成。

评估的过程一般包括以下几个阶段：

1. 会前准备。

（1）常规统计数据和季度数据评估的准备：各指标责任部门按照本专业数据质量评估办法，提出对相关数据的初步评估意见，形成汇报材料。

汇报材料内容包括：一是上级统计部门对本专业数据质量评估的结果；二是对下级统计部门的统计数据可靠性情况的分析；三是对下级统计部门的统计数据可靠性的评估方法、依据及初步结果；四是针对出现的问题所采取的措施。

（2）各项考核评价数据评估的准备：考核评价责任部门向数据生产部门收集初审后的各项数据，分析汇总后形成汇报材料。

汇报材料内容包括：一是考核评价指标体系主要内容及提供数据要求；二是数据收集方法；三是数据评估的初步意见。

2. 会议评估。

（1）各专业常规统计数据和 GDP 核算数据评估。各专业科室汇报数据质量初步评估情况，听取其他部门意见建议，外请专家和单位领导提出意见建议。

（2）各项考核评价数据评估。考核评价责任部门汇报提供数据的有关情况，各项数据生产部门汇报数据获取、审核有关情况，听取其他部门的意见建议，外请专家和单位领导提出意见建议。

3. 数据反馈及核查。各指标责任部门及考核评价责任部门根据数据可靠性评估会议意见，进一步审核评估结果，报相关领导审定批准后及时反馈。未经会议评估确认的数据，不得进行反馈。评估结果一经会议确定，不得随意更改。

每月（季）数据质量评估会议之后，各指标责任部门根据数据质量评估过程中发现的问题，确定数据质量核查的地区和企业名单。由统计部门的法规部门和数据监测部门组织开展数据质量核查。

（二）专家评估

专家评估法是根据评价指标及与之相关联指标的具体要求、历史变动轨迹及当期具体发生的实际情况，聘请各领域的若干代表性专家凭借自己的经验和相关专业知识，通过直观的归纳，对评估指标过去和现在的状况、发展变化过程进行综合分析与判断，找出评估指标变化、发展规律，从而对评估指标当前的实际状况做出判断的定性描述定量化方法。

专家的丰富阅历、经验以及知识广阔度在某种程度上决定了专家评估法的准确度。因此，专家需对评价指标体系有较高的学术水平，具有丰富的知识储备以及丰富的实践经验等。总之，简单易行、具有较强的直观性是专家评估法最主要的特点，但是这种方法在理论性和系统性上还存在缺憾，可能会导致评价结果的不准确、不客观。

二、评估的程序

完整统计数据可靠性的评估过程应当包括以下几个阶段：

（一）数据审核

审核重点：一是基层上报数据是否异常。主要针对有无同一时间段、同方向批量修改数据现象，同一填报单位当期上报数据与上期或同期相比出现畸大畸小变化，行业相同规模相当的企业上报数据差异过大等进行审核。二是审核新进规模或限额以上调查单位上报数据是否与其生产能力、经营规模相当。

对于采取搜集资料进行综合核算的专业，由承办人对搜集的专业数据和部门数据及核算过程进行准确性、规范性和匹配性审核。准确性审核指承办人对收集的专业数据和部门数据进行仔细比对和确认；规范性审核主要指计算程序、上年同期数等是否符合规定；匹配性审核指核算过程中，对异常波动的专业数据、部门数据是否进行控制性使用。

（二）数据评估

在数据审核的基础上，对各地统计数据进行评估，要求做到同一指标在产业结构基本相同的地区具有可比性，同一指标在同一地区的总体与局部之间具有匹配性，同一地区主要经济指标之间具有逻辑关联性。

1. 初评。由统计局（或调查队）各专业分别负责，组织岗位责任人对审核后的结果按照评估办法逐一评估，并形成初步意见。一要列明影响各地指标变化的主要因素，包括新的增长点及调查单位变化情况等；二要分析强度相对指标，如相关指标间的弹性系数，与全体平均水平差异情况；三要提出解决基础数据增长速度或弹性系数等相对指标与全体平均水平差异较大时采取的修正方法；四要依据统计行政检查结果，按照相关规定，对数据质量有问题的地方提出调整意见。

2. 复评。由统计局（或调查队）各专业部门负责人负责，对本专业初步意见进行复核，着重评估初步意见与基础资料进度趋势的匹配性、各地与全市数据的协调性、初步评估结果的合理性。

各专业在参照上级统计局（或调查队）相关数据质量评估办法的基础上，结合工作实际，以全地区平均水平为参考值，制定本专业实际操作评估细则，对各地数据进行评估修正。

（三）数据认定

各专业在数据审核评估期间收集的相关资料以及评估意见、修正情况等，由经办人负责留存备查。最终认定的数据由单位分管领导和主要负责人签字，相关专业负责留存。在数据正式发布前，审核评估资料和结果一律不得对外透露。

（四）责任追究

各专业在基层数据审核中因把关不严造成重大影响的，一经查实，追究相关人员责任。

对各专业基层数据审核中发现的一般数据质量问题，经提示后各地仍然发生的，按照相关规定，追究相关单位和相关人员责任。

第三章 地区主要统计指标数据可靠性评估方法体系

第一节 逻辑关系评估法

一、含义

逻辑关系评估，即对数据间稳定存在的逻辑关系进行检验，就是通过关联数据之间稳定的平衡关系来修正数据，是一种经典的数据可靠性评估办法。逻辑关系评估主要是利用经济指标之间存在的相关性，如农业增加值与农作物产量、工业增加值与工业税收额、全社会固定资产投资总额与GDP的关系等，进行逻辑关系检验，若能够采用定量的方法证明这些数据之间的相关性是存在的并且在逻辑上的偏差是在误差范围内的，那么这些数据就可以认为是可靠的。逻辑关系评估法也就是通过可解释性原则来评估指标可靠性的一种方法，目前这种方法在各级统计部门的检验统计数据质量工作中应用较为广泛。

逻辑关系评估法依据的是政府统计指标之间存在的逻辑关系，如包含关系、恒等关系等。这种关系可以通过定量的方法验证其存在，并采用一定的表达式描述出来，验证并描述的过程就是对统计指标可靠性的评估。统计指标数据之间都是存在特定逻辑关系的，如果验证结果发现违背了这种关系，就说明这些数据的可靠性存在问题，有待进一步检验与核实。

二、主要分类

（一）比较逻辑检验法

比较逻辑检验法是较为常用的一种传统逻辑关系评估方法，适用的统计指标主要为受概念、口径及范围等要素的差异影响形成的逻辑关系，一般可以描述为单项包含或者恒等关系的指标。

比较逻辑检验法依据的就是这种要素差异形成的逻辑关系，对数据的可靠性进行检验。它是传统的数据可靠性检验方法之一，是使用较为普遍的一种检验统计数据质量的方法。

（二）相关逻辑检查法

事物总是相互联系的，正如种种社会经济现象总是存在着相对稳定的相关性，当一种经济现象发生变化时，往往会引起另外一种甚至多种经济现象的改变，而这种改变往往表现为数量上的变化。换句话说，当描述某个经济现象的指标数据发生变化时，就会带动其他社会经济指标的变化，当经济环境趋于一种稳定的状态时，这些息息相关的指标之间的数量关系也会达到一个相对稳定的状态。

相关逻辑检验法，是一种基于指标之间相关性的逻辑评估方法，是利用与待评估指标强相关的其他已经确定可靠的指标，来判别待评估指标可靠性的方法。如果指标之间的相关关系出现明显的变动，可以认为待评估指标可能不具有可靠性。该方法具有易于理解、操作简单的优点，在初步检验数据可信度的工作中使用较多。

社会经济指标往往具有很强的相关性，如收入与消费的关系、投资与产值的关系以及行业增加值与总产值的关系等，相关逻辑检验法就是基于这种高度的相关性，并采用定量分析方法去验证，从而对指标的可靠性进行检验。社会经济指标依据相关性类型可分为两种情况：一是指标之间存在包含或比率关系，这种关系会表现为衍生出的相对指标的取值会保持在一个范围内不会产生太大的波动，如三次产业在 GDP 中的占比、投资率、增加值率等；二是许多指标变动的方向存在一定的一致性，一项指标的正向变动可能会伴随着另一项指标的正向变动或者是反向变动，除了变动方向，变动的幅度往往也具有关联性。

在对统计数据可靠性进行评估的过程中，使用此方法时需要注意以下几个方面：首先，指标之间的稳定联系并不是永恒不变的，当其关系发生变化时，应该依据其他经济现象进行判断，避免得出错误结论；其次，必须确保相关指标的可靠性，如果连评估方法所依赖的数据都是不可靠的，那么评估的结论也不具有可信度；最后，与待评估指标具有关联性的指标往往不止一个，而是多个，如果相关指标均是可靠的，那么依据不同指标得出的检验结果应该是相同的。

（三）规则逻辑评估法

规则逻辑评估法，是对汇总的统计资料中各项指标数据的平衡关系进行检验的一种评估方法。换句话说，规则逻辑评估法是用来检验调查汇总数据之间的逻辑关系的，特别是恒等关系。

这种方法主要使用在对原始资料和汇总数据的校验中，但是也存在一点问题：规则逻辑评估法只能检验指标数据之间的平衡关系，对于复杂的内在逻辑关系是无能为力的。尽管在检验数据时可以借助计算机完成许多人力无法完成的工作，但是面对庞大的数据量，要做到准确判断复杂的逻辑关系仍然是很困难的。

（四）逻辑平衡审核评估法

逻辑平衡审核评估法是对汇总后的统计数据，从总体对数据可靠性进行检验的一种评估方法，是从数据之间是否符合逻辑、是否具有平衡关系的角度来评判其可靠性的方法。

经济现象之间往往存在着或简单或复杂的联系，这种联系导致经济指标之间也存在着直接或间接的逻辑关系。但是，不仅是经济现象的改变，数据质量的不过关也可能导致统计数据之间的数量关系发生变化，逻辑平衡审核评估法就应用于这类情况。其中常用的评估方法主要有四种。

1. 差额平衡法。指标数据之间往往存在比较明显的增减关系，我们可以通过检查这种关系来评估数据可靠性。差额平衡法的检验手段就是依据实际的经济意义对指标做减法运算，得出的差额与实际值作比较以检验数据的准确性。例如，检验报告期和基期数量的差额与当期增加值是否一致，生产量与销售量的差额与库存数量是否一致，收入额与支出额的差值与盈余是否一致等。

2. 同项相等法。统计资料往往会在不同的表种上出现同一个指标的数据，同项相等法就是对这些不同表种上的同一指标数据进行检验，判断其是否一致相符。例如，农业社会总产值表和工业专业表、乡镇企业表中的工业总产值应当具有一致性；生产统计表和财务成本表、产品销售库存表等表中的产品产量应当具有一致性；能源统计表和物资供应表中的煤、电、油等能源消耗数应当具有一致性；生产安全表和员工工资表中的职工人数应当具有一致性。此外，存在不同部门由于统计口径和统计范围不同，导致同一项指标的数据有出入的情况，这种情况不在同项相等法的评估范围内。

除上述情况外，使用同项相等法，对不同表种出现的同一指标进行观察验证，可以较为直观地发现数据中是否存在不准确的问题。

3. 相关平衡法。指标之间存在的最多的逻辑关系往往不是恒等关系，而是由于统计范围等问题出现的大小关系或包含关系。正常情况下，同一度量单位时某一个指标数据会大于（或大于等于）另一个指标或几个指标的数据。如果出现相反的情况，则可能是数据出现错误。例如，地区固定资产投资总额必定大于房地产投资额；政府财政收入必定大于税收收入；地区常住人口数必定大于城镇常住人口数；专利申请数量必定大于专利授权数量等。

这种通过审核数据之间大小关系是否符合逻辑常识来判断数据是否具有可靠性的方法就称为相关平衡法。

4. 生产和使用平衡法。生产和使用平衡法是从生产和使用数据的平衡性角度来评估数据可靠性的方法。实际中，不同角度和不同方法计算得到的数据尽管可能不会完全相等，但是也存在很强的一致性，二者不会相差太大。基于这个思想，我们就可以通过生产和使用平衡法来检验数据的质量是否可靠。

生产和使用两类数据，是社会经济指标中具有较强逻辑关联性的相关指标组合之一，如生产法和支出法核算的GDP，由于存在统计误差，这两种方法核算得出的GDP数据并不相等。但是，如果二者的值相差过大，那可能就是数据质量出现了问题。

三、存在问题和对策

（一）逻辑关系评估法存在的问题

显然，上述几种逻辑关系评估方法都具有易于理解、操作简单的优点，依据的理论基础主要为最基本的经济学和统计学知识，因此在许多单位和部门的统计数据评估工作中使用较为普遍。但总体来看，逻辑关系评估法的问题也较为明显：检验结果较为粗糙；对数据可靠性的判断结论可能包含比较强的主观性；对相关数据的真实性和可靠性要求较高；无法判断一组数据中究竟是哪一个指标存在问题还是全部指标都存在问题。上述问题的存在导致工作人员无法对数据可靠性做出精确的判断，必须依赖其他方法和手段来进一步确定数据的可靠性。

（二）解决对策

从理论角度上讲，逻辑关系评估法的理论基础并不扎实，从方法角度上讲，逻辑关系评估法得出的结果还有待检验。因此，逻辑关系评估法仅适用于数据评估和校准的前期预判断阶段。如要将该方法进一步推广，还需要理论和技术方面的提升。

第二节　异常值评估法

一、含义

在统计工作中，数据收集往往是通过各基层单位填写统计数据报表，然后进行上报汇总的方式，因此异常值的识别和修正是统计数据处理中的重要环节之一，也是比较困难的一个工作环节。现阶段，多数单位和部门采用的仍然是人工审核的方法，数据的评估角度多偏于定性分析，评估方法和手段有待改进和提升。在数理统计中，对异常点识别和修正的研究很多，但是较多方法的分析是基于正态分布的情况进行的，主要是处理实验数据的方法，但现实工作中，大部分社会经济数据是不符合这一假定的，因此数理统计中的多数定量分析方法较难在统计数据可靠性的评估中直接使用。

二、过程和模式

（一）一维统计数据可靠性检验与异常点识别

已知x_1，x_2，…，x_n是对社会经济现象的某个规模指标的调查结果，那么对统计数据质量的检验可以通过对x_1，x_2，…，x_n的可靠性检验来实现。

较多学者的研究结果表明，反映研究对象规模大小的统计数据都近似服从对数正态分布，尤其是反映经济规模的数据。若数据服从对数正态分布，则认为其准确且可靠；反之，则可靠性有待商榷，远离对数正态分布的点就视为异常点。因此，在研究全社会固定资产投资可靠性时，可以使用对数正态分布的特征来对数据进行异常点的检查和识别，具体步骤：一是对原序列作对数变换；二是用 K－S 检验法检验对数数据是否符合正态分布；三是选择恰当的显著性水平 α，得出检验结果并分析。若通过 K－S 检验，则接受正态性假设，可以认为原数据具有较高的可靠性；反之，则认为原数据存在异常点，可靠性不足。

此外，还可以计算相对拟合误差：

$$\beta = \left| \frac{e^{\widehat{\mu}+\frac{\widehat{\sigma^2}}{2}} - \frac{1}{2}\sum_{i=1}^{n} x_i}{e^{\widehat{\mu}+\frac{\widehat{\sigma^2}}{2}}} \right|$$

来探测个体数据中存在的异常点，以控制汇总数据的可靠性。β 越大，则数据越准确，可靠性越高；反之，则可靠性越差。

在对数正态分布检验中，会出现以下两种情况需要处理：一是统计数据是来自不同总体的汇总数据，此时我们可以根据数据的类型或者采用聚类的方法，将数据进行分组，对每一组数据分别进行对数正态分布的检验；二是有些情况下我们得到的数据并不是规模指标数据，这时我们应该可以将指标看成两个互相独立的规模指标的比值的形式，这样我们的数据也可以被近似看成服从对数正态分布，也可采用上述检验方法进行评估。

（二）多维统计数据可靠性检验与异常点识别

设k_1，k_2，…，k_n是来自总体的简单随机样本，$x_1(k_1)$，…，$x_1(k_n)$，$x_n(k_1)$，…，$x_m(k_n)$是 m 个社会经济规模指标的统计调查数据。与一维统计数

据相似，若$x_1(k_1)$，…，$x_1(k_n)$，$x_n(k_1)$，…，$x_m(k_n)$服从 m 维的对数正态分布，则认为其准确且可靠，质量较高；反之，则认为其可靠性有待商榷，而远离分布总体的数据就视为异常点数据，需要进行剔除或修正。由此，我们可以知道，多维的经济规模指标也是可以通过多维对数正态分布检验方法来进行可靠性检验的。与一维统计数据相比，多维数据的可靠性检验更加复杂，因此我们采用正交分解法将多维统计数据转化为多个一维的统计数据，这样可以有效地减少由维数带来的在计算和分析上困难。具体检验步骤：一是对原数据作对数变换，并进行主成分（正交）分析，形成新的综合指标，取其前 h（视情况而定，$h<m$）个主分量；二是用 K－S 检验法分别检验正交分解后的数据是否符合正态分布；三是选择恰当的显著性水平 α，得出检验结果并分析。若通过 K－S 检验，则接受正态性假设，可以认为原数据具有较高的可靠性；反之，则认为原数据存在异常点，可靠性不足。

尽管绝大部分经济规模数据都可以看成对数正态分布，但是不排除由于其他原因引起数据异常的情况存在。因此，当我们检验得到数据存在异常的时候，应当结合数据总体情况或其他相关数据和方法进行分析，判断究竟是何种原因引起的数据异常，并确定它的真实性，决定是否予以保留。

三、适用范围和条件

一维对数指数分布需要社会经济指标服从对数正态分布，多维对数指数分布需要社会经济指标服从多维对数正态分布。

四、应用举例

地区经济的增长伴随着交通运输业的发展，经济增长较快时，交通运输业增长也相应地较快。根据交通运输业与地区经济增长的正相关关系，可有效衡量地区经济增长幅度的可信度和误差大小。根据交通运输业的运输方式，采用货运量和客运量两个指标的实物量进行分析，地区生产总值则采用可比价进行调整，消除价格因素的影响。四川省货物运输总量、旅客运输总量和地区生产总值均采用指数形式，以 1978 年为基期，通过分析比较三者之间的关系，可以估计地区经济增长是否存在统计误差，如图 3－1 所示。

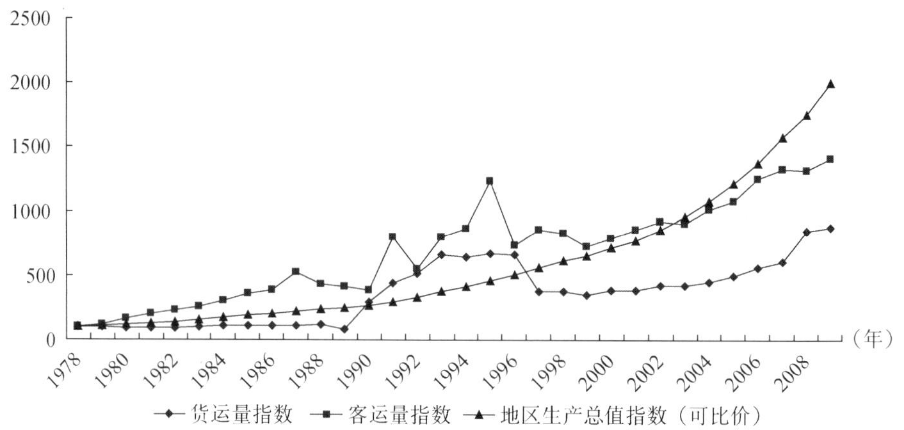

图3－1 四川省货运量指数、客运量指数与地区生产总值指数趋势图（1978＝100）

1978—1989年，四川省旅客运输量和货物运输量一高一低，与地区生产总值趋势线基本同步，说明其地区经济增长数据统计误差可能性不大。1990—1996年，四川省地区生产总值指数呈线性递增趋势，货物运输量和旅客运输量均超过地区生产总值增长幅度，且客运量在1991年和1995年剧增，偏离幅度较大，表明地区生产总值统计数据有可能偏低。由于改革开放的步伐于20世纪90年代初开始加快，地区之间、省际人员和货物流动量加大，运输量显著增加，地区生产总值受其他因素影响，增长幅度相对延缓。因此，可以认为该时期地区生产总值数据的统计误差不大。

1997—2009年，地区生产总值指数持续上升，成指数增长趋势，货运量受亚洲金融危机影响，1997年急剧下降。从总体趋势看，货运量和客运量线性增长，增长幅度明显低于地区生产总值指数，2003年起，地区生产总值指数超过货运量和客运量指数，增长幅度显著。1997年，重庆市从四川省划分出去，其地区生产总值指数却未出现异常变动，因此可以认为该时期地区生产总值存在虚增成分，地区经济增速误差在3%—7%之间，平均误差为5%左右。

进一步，可通过货物周转量和旅客周转量对1997—2009年期间的地区经济增长统计误差进行分析，如图3－2所示。

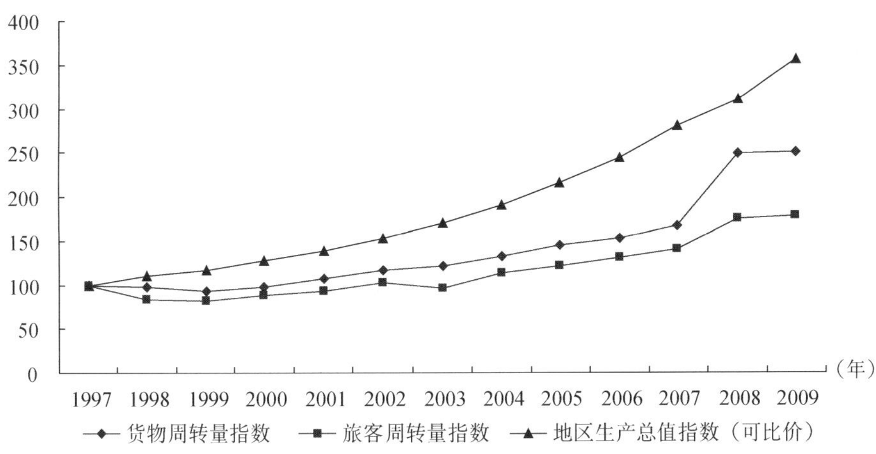

图 3-2　四川省货物周转量指数、旅客周转量指数与地区生产总值指数趋势图（1997=100）

1997 年起，四川省地区生产总值呈指数增长趋势，且明显高于货物周转量和旅客周转量增长幅度。2008 年、2009 年货物和旅客周转量显著增加，地区生产总值指数却无显著变化，地区生产总值年平均增长 11.13%，平均误差在 4% 左右。结合货运量和客运量的分析可以认为，该时期四川省地区生产总值统计数据存在一定的误差，在不考虑其他因素影响的情况下，其平均误差约为 4.6 个百分点。

第三节　地区经济核算评估法

一、含义

地区经济核算评估法，是以国家统计部门的统计核算方法制度为依据，对相关指标数据重新核定，从而判断待评估指标数据可靠性的评估方法。

二、步骤

地区经济核算评估法的具体步骤如下：

第一步，依据待评估指标的统计核算方法及制度对数据进行深入的调查研究，找出统计过程中存在的可能导致指标可靠性降低的问题。

第二步，针对发掘出来的被评估指标存在的问题，最大限度地对现有统计资料（包括原始资料和其他相关指标的资料）进行挖掘和探索，并且通过国家统计制度中的标准方法或一些代替指标，来重新估算待评估指标。

第三步，以第二步估算得到的待评估统计指标的数据作为标准，与观测数据进行对比，并依据分析的结果对数据进行可靠性判断。

三、适用范围和条件

该方法运用的关键是如何重新计算被评估统计指标数据，计算结果是否准确直接影响着可靠性评估的结论。

地区经济核算评估法也可以看成逻辑关系评估法的一种拓展，主要用于评估地区生产总值、工业增加值、固定资产投资等数据及其增长率。

地区经济核算评估法提供了一种采用相关统计指标来评估和推算被评估指标的参考数据，这是对官方统计数据的一种有效的检验和审核。但是，这种方法也存在一些问题。首先，用来进行评估的相关指标选择是否恰当，选择出来用来进行评估的指标是否能真正刻画和测量被评估指标，将直接影响到评估结果的正确性；其次，即使选择出来用于进行评估的相关指标是合适的，与被评估指标之间的关系是确实的，还存在这些相关指标的数据本身是否可靠、是否准确的问题。例如，用固定资产投资数据评估地区生产总值数据就有这样的风险。

四、应用举例

案例一：在我国国内生产总值的核算中，针对存在的低估或漏估居民自有住房服务增加值的问题，许宪春在他的研究中通过理论分析与实践探索，认为运用成本估算法或市场虚拟房租估算法来重新对居民自有住房服务增加值进行测算，可以有效地消除自有住房增加值的低估对现价 GDP 产生的影响。实际上，成本估算法和市场虚拟房租估算法都有各自的优缺点，并且两种方法又在许多方面存在互补关系，因此许宪春将这两种方法结合起来，用成本估算法和市场虚拟房租固端法分别估算居民自有住房服务增加值，并取二者的均值作为居民自有住房服务增加值的最终估算值。

案例二：我们可以根据主要工业产品产量的增长速度来评估工业增加值的增长速度指标的可靠性。例如，某县 2014 年工业增加值增长速度（剔除价格变动的影响）为 12.8%，但是全县 31 种主要工业产品产量增长速度的简单平均值为 7.4%，两者相差 5.4 个百分点。因此，可以大致认为该县工业增加值增长速度的统计数据误差较大，有可能存在虚增的成分。

第四节　典型调查评估法

一、含义

典型调查是在对调查对象有一定的初步分析之后，依据调查研究目的，通过选取部分具有典型代表性的单位，来进行深入、周密、系统的调查研究，以认识事物的基本特征和发展变化的规律。典型调查结果可以在一定条件下用于对总体数量进行推算。在调查总体同质性比较大的情形下，用典型调查的结果可以对总体数量进行大致的推算和评估。

典型调查数据推算评估法，就是利用典型调查所得到的资料对被评估指标数据进行评估的方法。

二、种类

典型调查评估法有两种类型。

（一）典型调查数据推算评估法

典型调查数据推算评估法就是利用典型调查所得到的相关数据，推算出一个总体参考数值，并与被评估指标数据进行比对，以判断被评估指标数据是否可靠的一种方法。采用这一方法评估总体指标数据时，选择好“典型”是关键。这种方法包括以下3个基本步骤：

第一步，选择典型。典型的选择可以有以下两种方法：一是在了解总体大概情况的基础上，按照某种标志将总体划分成若干类型，然后从每种类型中按它在总体中所占的比例大小，选择出若干典型调查进行调查，即所谓的“划类选典式”；二是可以选择具有中等水平的单位作为典型单位进行调查，即所谓的“解剖麻雀式”。

第二步，根据对典型单位的调查数据，计算出一个被评估指标参考数值。在采用划类选典式典型调查时，需采用加权平均的方式计算得到被评估指标的参考值；如果采用的是解剖麻雀式典型调查时，调查结果即为被评估指标的参考值。

第三步，将被评估指标的参考值与被评估指标的数据进行对比，判断被评估指标数据是否可靠。在进行解剖麻雀式的典型调查时，我们可以采用假设检验的方法来判断被评估指标是否可靠。

使用这种方法的条件是被评估指标的各总体单位的数据水平差异较小，或者经过划分类型后，各类型内部总体单位的数量差异较小，选择出来的典型单位对各类型的代表性较高。

（二）数据问题典型单位评估法

数据问题典型单位评估法是对发现可能存在有可靠性方面问题的数据进行深入细致的调查，以判断被评估指标数据是否可靠的方法。例如，上级统计部门收到举报，某单位统计数据有作假的行为，为此专门组织调查组去该单位进行调查，了解数据是否符合要求，是否真实可靠，有无弄虚作假的问题，这就是对数据有问题的那些典型单位的统计数据进行检查评估的方法。

这种方法使用的条件是需要事先发现被评估指标可能存在问题的线索。这种线索可以来自关于数据可靠性方面的举报，也可以来自常规数据质量检查过程中发现的问题，还可以来自过去发生数据质量问题较多的指标、单位或区域。

第五节 普查数据基础评估法

一、含义

普查是一种为了了解某一种或某一些特征而对总体中所有单位进行调查的调查方法。普查的调查对象可以是一定时点上的社会经济现象，也可以是某些时期的现象；调查目的可以是确定某一社会经济现象的总体情况，也可以是了解某些具体的特征指标。普查主要用以搜集重要国情国力和资源状况的全面资料，如人口普查、经济普查、农业普查等。普查所获得的资料比较全面、详细，可以得到全部调查对象的数据，准确性高。

普查数据基础评估法就是以普查所得到的数据为基础，对经常性调查中的相关指标数据进行评估，在评估的基础上对经常性调查中的数据进行调整的方法。例如，在经济普查之后，国家统计部门都要对全国和各地的 GDP 及其构成进行修订。在第三次全国经济普查之后，2014 年 12 月 19 日中华人民共和国国家统计局发布了《关于修订 2013 年国内生产总值数据的公告》。

依据我国国内生产总值（GDP）核算制度和第三次全国经济普查结果，国家统计局对 2013 年国内生产总值初步核算数进行了修订。主要结果为：2013 年国内生产总值为 588 019 亿元，比初步核算数增加 19 174 亿元，增幅为 3.4%。修订后的第一产业增加值为 55 322 亿元，比重为 9.4%；第二产业增加值为 256 810 亿元，比重为 43.7%；第三产业增加值为 275 887 亿元，比重为 46.9%（见表 3－1）。

表 3－1　　2013 年国内生产总值修订数据与初步核算数据对比

	现价总量（亿元）		构成（%）	
	修订数	初步核算数	修订数	初步核算数
国内生产总值	588 019	568 845	100.0	100.0
第一产业	55 322	56 957	9.4	10.0

续表

	现价总量（亿元）		构成（%）	
	修订数	初步核算数	修订数	初步核算数
第二产业	256 810	249 684	43.7	43.9
第三产业	275 887	262 204	46.9	46.1

注：2013 年国内生产总值数据修订执行国家统计局 2012 年制定的《三次产业划分规定》。

资料来源：http：//www. stats. gov. cn/tjsj/zxfb/201412/t20141219_ 655915. html.

在第二次全国经济普查之后，国家统计局对前几年的 GDP 及其构成也进行了相应的修订。

二、适用范围和条件

这种方法适用于普查年份的经常性统计数据的评估和调整。我国重要的普查工作基本上是周期性的，间隔的时间通常在 5 年以上，经济普查、农业普查周期为 5 年，人口普查周期为 10 年。在非普查年份，要及时地开展经常性调查数据来评估和调整这种方法就较为困难。

第六节　统计数据可靠性抽查评估法

一、含义

统计数据可靠性抽查是统计调查工作流程中的重要组成部分，是统计调查不可缺少的一环。所谓统计数据可靠性抽查就是采用抽样调查的方法对全面调查或经常性调查的指标数据进行再调查、再核实，以便评估和修正全面调查或经常性调查的指标数据的可靠性，提高调查结果的精度的方法。

二、类型

统计数据可靠性抽查评估法主要有 3 种类型。

（一）普查数据可靠性抽查

普查数据可靠性抽查就是在普查数据全面登记工作结束之后，采用抽样调查的方法对普查登记工作质量和数据质量进行全面检查和综合评估的方法。

案例：北京市农普办于 2017 年 3 月中旬全面启动了普查数据质量抽查工作，开启对普查入户登记工作质量和数据质量的全面检查和综合评估。

为了确保数据质量抽查工作依法依规开展，达到预期目的，按照《第三次全国农业普查现场登记数据质量控制办法》的要求，结合北京实际情况，北京市农普办研究制定了“市级数据质量抽查方案”“市级数据质量抽查组织工作方案”，明确抽查对象及内容，规范抽查方法及流程，强化了对抽查的组织管理。

该次数据质量抽查工作由北京市农普办牵头组织实施。市、区两级农普办工作人员组成了 4 个市级数据质量抽查组，于 3 月 19 日至 24 日对全市 13 个涉农区全面开展了数据质量现场抽查工作。抽查期间，4 个抽查组坚持以确保普查工作质量和数据质量为核心，采取实地入户核实、电话访问、建筑物核实、普查表检查相结合的方式，共对 13 个区的 26 个普查小区，390 户农户，29 户规模户，66 家农业经营单位，260 个空宅或非普查登记对象进行了现场检查。

该次数据质量抽查工作针对农业普查各个阶段的工作任务进行了有针对性的抽查指导，内容涉及普查小区图绘制是否完全覆盖，清查摸底表填报是否符合摸底表细则的要求，普查对象登记是否有漏报或重报情况，普查登记的农户、规模户、单位表等主要普查指标填报数据及 PDA 采集数据是否准确等。通过抽查，工作人员掌握了各区农业普查登记准备和现场登记工作进展及各项工作要求的落实情况，各个工作环节的质量控制措施得到强化。在各区现场检查工作结束后，各抽查组将抽查表数据进行了录入、核实、确认，并将各类来源的原始资料进行了复印或拍照，与填报完成的抽查表一同封装留存，以备全市抽查数据汇总、比对。同时，在工作交流总结会上，各抽查组总结了工作经验，指出了被抽查区在工作中存在的不足，提出了改进意见和建议。

下一阶段，北京市农普办将在现场抽查工作的基础上，全面总结全市数据质量抽查工作情况，整理比对抽查数据，归纳分析普查工作中存在的问题，为综合评估全市普查登记工作质量，全面提高普查数据质量奠定坚实基础。①

普查数据可靠性抽查一般包括 3 个步骤：

① 资料来源：http：//www. zgxxb. com. cn/tjdk/201703300021. shtml.

第一步，根据普查方案中规定的普查数据质量控制办法，制定详细的、具有可操作性的“普查数据质量抽查方案”，方案中要明确抽查对象、抽查的内容，要规范抽查方法和流程，强化对抽查的组织管理工作，以保证普查数据质量的抽查顺利有序地开展。

第二步，现场抽查。派出数据质量抽查工作组，按照一定的抽样单位数进行实地走访、核实，仔细查阅调查登记表，认真核对普查区内有关行政记录和信息表，或通过电话访问的方式重点查清登记方式规范性，调查数据的差错率等，全面评估调查数据的可靠性和调查过程的规范性。

第三步，数据调整和整改。将抽查过程中发现的共性问题及时反馈，并立即下发整改通知书，各调查单位针对出现的问题限时进行整改，并及时上交整改报告。存在问题的调查表一律返工重做，确保普查数据质量。通过计算主要指标误差率等指标，来对普查数据的可靠程度进行评估。

（二）经常性调查数据可靠性抽查

经常性调查的数据可靠性抽查主要是对常规统计报表数据按照事先规定的数据质量抽查方案进行抽查和评估，以判断数据可靠性的方法。

案例：为深入贯彻落实科学发展观，进一步加强统计基层基础工作，确保统计数据质量，2012 年 6 月 5 日至 10 日，贵港市统计局由局领导和业务骨干组成 3 个抽查工作组，对 16 个乡镇（街道办事处）2011 年度主要经济指标数据质量进行抽查。

此次抽查主要围绕 2011 年度各乡镇农业总产值、工业总产值、固定资产投资、农民人均纯收入等指标的总量和增长速度来进行，检查数据来源的合法性、基层报表的填报质量，以及统计核算方法是否规范、标准和统一。

在检查的过程中，抽查组检查了各乡镇的基层报表、统计台账、原始资料记录等有关资料，并针对个别乡镇在基础工作中存在的统计报表质量不高、统计台账不够完整等问题进行现场指导。此外，抽查组还检查了乡镇的部分企业实施“一套表”的工作情况。

此次检查不仅有利于贵港市统计局更全面地掌握和了解基层统计工作的现状，也有利于统计人员更好地履行《统计法》规定的职责，做到依法统计，提高统计数据质量，优化统计环境。①

① 资料来源：http：//www. gxgg. gov. cn/news/2012 - 12/33509. htm.

经常性统计数据可靠性抽查又可以分为全面检查和重点检查两种。全面检查是指为查验某一项或几项统计数据总体的可靠性情况，对所有下级单位（或地区）的数据都进行的质量抽查。重点检查是指在对各地或各单位统计数据相关指标的初步分析的基础上，对数据前后波动较大，或指标数据相互之间逻辑关系明显不符，且原因不明的数据，即可能存在问题的数据进行的有针对性的重点抽查和评估。这种方法与前文所述的“数据问题典型单位评估法”比较类似。

经常性统计数据可靠性抽查的重点内容主要包括两个方面：一是统计工作各个环节的规范情况，统计台账的建立，统计资料的保存等统计基础工作等；二是直接核查数据来源，原始记录，并与有关部门数据进行比对等，来判断经常性调查数据的可靠程度。

总的来说，统计数据的获取过程是较为复杂的，其中涉及较多的步骤和人员，而统计数据可靠性抽样评估法是着眼于统计数据调查过程，从问题的根本源头检验数据的可靠性，对其进行评估。此外，与其他可靠性评估方法相比，统计数据可靠性抽样评估法无需数理统计假定并直接利用调查的原始资料进行分析，其评估结果更具有说服力。

第七节　内部民调评估法

内部民调评估法是通过调查从事统计工作的人员对被评估的统计指标数据的可靠程度和准确性的认知，了解在统计系统工作的相关人员对统计数据可靠性状态的切身感受，从而对被评估指标数据的可靠性进行评价的方法。

从事统计工作的相关专业人员对统计数据的来源、收集整理、汇总和报送的过程有着亲身的体验和直接的感受，对统计数据的可靠程度及其影响因素了解得比较透彻，他们的感受和判断最贴近实际情况，更能真实地反映统计数据的可靠性，因此对他们进行调查，通过他们的评估，可以反映统计数据可靠性的状况。这一方法的应用在以后章节进行详细介绍。

第八节　计量经济模型法

一、含义和思路

计量模型法是通过对待评估指标构建合理恰当的计量经济模型，利用模型来判断数据可靠程度的一种评估方法。由于各类统计指标之间的相互关系错综复杂，采用逻辑关系检验法去评估数据可靠性时往往过于粗糙，其结果也不够精确。因此，为了能够有效判断统计数据可靠性，一些学者开始采用计量经济模型拟合的方法作为评估手段，这就是评估统计数据可靠性的计量经济模型法。

这种方法的基本思路如下：

第一步，对评估的统计数据进行深入分析，探究其经济意义，根据经济学理论或统计学理论构建恰当合理的计量经济模型，通常以待评估指标作为因变量，相关联指标作为自变量。

第二步，根据样本数据对模型的参数进行估计，并对估计得到的参数进行检验，建立具体的计量经济模型，并检验其统计意义和经济意义。

第三步，对所建立的计量经济模型进行分析，并根据变量的实际数据和相应的理论对被评估的统计数据可靠性进行评估。

二、过程和模式

根据上文中论述的基本思路，用计量经济模型法评估统计数据可靠性包括以下主要的核心内容。

（一）构建理论模型

构建理论模型是使用计量经济模型法评估统计数据可靠性的首要步骤，直接关系到计量经济模型法能否有效评估统计数据可靠性。

使用经济理论来分析所研究的经济现象，对待评估指标的内涵进行分析，找出与其相关联的经济现象和与之对应的统计指标，将待评估指标作为被解释变量，将影响被评估指标或与被评估指标有直接联系的指标作为自变量。要有科学的理论依据；模型要选择适当的数学形式；方程中的变量要有可观测性。

现阶段，用于统计数据可靠性评估的计量经济模型主要有 4 类：传统回归模型、经典时序模型、面板数据模型和其他计量经济模型。其中，其他计量经济模型又包括联立方程模型、曲线回归模型、向量自回归模型、误差修正模型、自回归分布滞后模型等。

（二）收集样本数据

计量经济模型评估法所需要的数据可以是时间序列数据、截面数据，或者是二者结合的面板数据。尽管可用的数据类型较多，但是在数据收集过程中应尽量确保数据的准确性、完整性、一致性和可比性，否则有可能无法建立计量经济模型或建立错误的计量经济模型。

（三）估计模型参数

依据经济学和统计学的理论基础，建立了合理的理论模型并整理了符合模型要求的指标数据之后，应当选择恰当的方法对模型的参数进行估计。模型参数的估计，是采用计量经济模型评估统计数据可靠性的核心内容，估计参数是否恰当直接影响到后续模型分析是否有意义，影响到整个统计数据可靠性评估工作能否达到预定的目标。

估计模型的参数是一个数理统计的分析计算过程，包括识别模型类型（仅对联立方程模型而言）、选择参数估计方法、应用软件进行计算 3 个内容。为了提高模型的合理性，在进行参数估计的过程中，应该注意自相关、异方差和多重共线性等影响模型精度的问题，并尽可能地消除这些问题造成的影响。此外，在进行参数估计时，选择合适的估计方法也可以有效提高模型的可靠性。应多采用最大似然估计、广义矩法估计、加权最小二乘估计、二阶段加权最小二乘估计等更加稳健和可靠的估计方法，而不是习惯性地进行普通的最小二乘估计。

（四）模型检验与分析

在得到模型的参数估计量以后，可以说一个用于数据可靠性评估的计量经济模型已经初步建立。但是，这个模型能否客观真实地反映所研究的经济现象中诸多因素之间的关系，能否将其应用于数据可靠性的实际评估，还要进行相应的检验才能确定。通常，用于进行数据可靠性评估的计量经济模型必须通过以下 4 个方面的检验：模型预测检验、统计推断检验、计量经济学检验和经济意义检验。尤其是经济意义检验，是计量模型最为重要的检验，但往往也是最容易被研究者忽略的检验。

（五）应用模型进行数据质量评估

模型通过相应的检验之后，就可以应用模型对被评估指标的数据可靠性进行评估了。

三、适用范围和条件

计量模型法的主要优势在于模型能有效地刻画各个统计数据之间的复杂关系，使统计数据可靠性的评估建立在科学的数量模型的基础上。但是，这一方法要求用于建模的基础数据本身是可靠的，如果用于建模的基础数据本身就有问题，那么建立的模型就会有问题，就不能用于被评估指标的数据可靠性的评估。

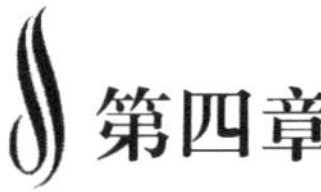

第四章 地区生产总值数据可靠性评估

第一节　地区生产总值可靠性评估方法

一、地区生产总值可靠性问题

地区生产总值是一个地区的所有常住单位在一定时期内生产的全部最终产品的价值总和，是反映经济总体状况最重要的指标。GDP 这一指标的作用分为以下几点。

第一，GDP 可以反映一个国家或地区的经济发展规模，判断其经济总体实力和经济发展的快慢。例如，2011 年中国 GDP 达到了 473 104 亿元，总量上仅落后于美国，为全球第二大经济体。对 GDP 衡量经济状况的作用，诺贝尔经济学奖获得者萨缪尔森在《经济学》一书中给出的评价是，GDP 是 20 世纪世界上最伟大的发明之一。

第二，GDP 可用来进行经济结构分析，是宏观经济决策的重要依据。从生产角度看，GDP 能够反映一个国家的产业结构，即第一、二、三产业在国民经济中所占的比重；从使用角度看，GDP 能够反映一个国家的需求结构，即最终消费支出、资本形成总额和货物与服务净出口及其具体构成项目在总需求中所占的比重；从地区角度看，GDP 能够反映地区总体分布状况、地区产业状况、地区需求状况。通过这些产业结构分析、需求结构分析和地区结构分析，可以了解一个国家的经济结构现状及其发展变化规律，对制定产业发展政策，制定消费、投资和进出口政策，制定地区经济协调发展政策等，都具有十分重要的作用。

第三，GDP 可与相关指标结合，计算出具有重要意义的其他指标。例如，GDP 与人口指标相结合可以计算人均 GDP，它是衡量一个国家或地区经济发展水平和富裕程度的重要指标，如果把各国的人均 GDP 转换成美元，则可进行国际比较。又如，GDP 与能源消费量相结合可以计算 GDP 能耗指标，它衡量的是经济增长和能源消耗的比例关系，是反映 GDP 增长质量的重要方面。另外，通过现价 GDP 和不变价 GDP 能够计算 GDP 缩减指数，它通常被视为口径更全的通货膨胀率，反映一个国家价格总水平的变动情况。

第四，GDP 能够影响一国的经济利益和政治利益。它在一定程度上决定该国在国际舞台上的话语权，决定了该国所承担的国际义务和享受的优惠待遇，决定了该国在国际社会所能发挥的作用。例如，联合国根据连续 6 年的人均 GDP 来决定一个国家的会费。近年来，中国的影响力越来越大，在国际事务处理中也扮演了越来越重要的角色，这与中国近年来 GDP 总量不断上升、国力不断增强是分不开的。

在国内，随着中国社会的持续发展和经济的快速增长，机构、学者和民众对统计数据及其可靠性进行了许多研究。孟连、王小鲁（2000）通过对工业品产量、货运量和能源消耗量与工业增加值等各个指标之间的相关关系进行分析，认为 1992—1997 年中国的工业增加值和 GDP 存在一定程度的高估。张宗成、周猛（2004）从经济增长与能源消费之间的密切关系出发，研究我国经济增长数据的可信度，得出经济体制的改革和产业结构的调整导致的低能源消费与高经济增长率是可靠的。阙里、钟笑寒（2005）运用主成分分析和固定影响变截距模型的经验分析方法，分析探讨中国 28 个地区 GDP 增长统计数据的真实性，认为从整个时期来看，中国地区的 GDP 统计数据没有出现违背经济规律的统计特征。

二、评估方法

统计数据是反映国家或地区经济发展水平和状况的重要指标，其可靠性越来越受到国家及相关部门的重视，统计数据的可靠性水平反映了我国统计数据的公信力程度。我国地区经济增长数据在一定程度上反映了全国 GDP 及相关统计数据的可靠程度，区域经济发展中的“西部大开发”促进了西部经济的跨越式发展，因此本书以西部经济发展中心的四川省作为研究对象，探讨地区一级的 GDP 统计数据可靠性，从而有效衡量其实际经济发展水平。结合相关文献研究，我们可以从数据增长协调性分析和建立计量模型两个方面对地区生产总值数据的可靠性进行实证评估。

（一）协调性方面

在协调性方面，主要是将地区生产总值数据与价格水平和运输业两个方面的核心指标数据进行对比，通过观察和验证它们之间的协调性程度，对生产总值数据的质量，亦即可靠性做出评估判断。价格方面，主要选取工业品出厂价格、固定资产投资价格、居民消费价格和商品零售价格 4 个指标；运输业方面，主要选取货运量和客运量两个指标进行分析。

针对地区生产总值数据，结合上述相关指标数据，我们首先绘制指标数据增长折线图，然后采用描述性统计分析方法，对地区生产总值和相关指标数据间的增长协调性进行分析，初步判定地区生产总值数据的可靠程度。但是，上述分析仅考虑单因素的影响具有一定的片面性。因此，我们选取多个领域的经济变量，采用多因素分析方法对地区经济发展状况进行深入分析，进一步评估地区生产总值数据的可靠性，从而提高评估结果的可信程度。

（二）计量模型方面

我们主要采用可变参数状态空间模型进行实证评估。

1. 状态空间模型（State Space Model）。在计量经济学文献中，状态空间模型被用来估计不可观测的时间变量：理性预期、测量误差、长期收入和不可观测因素（趋势和循环要素）。许多时间序列模型都能作为特例写成状态空间的形式（State Space Form，SSF）并估计参数值。状态空间模型是估计不可观测时间变量的一种有力的建模工具。

该方法具有两个优势：一是能通过状态变量体现不可观测时间变量对被解释变量的影响，较好地解决了设定误差问题，节省了自由度。二是运用卡曼滤波方法估计，能将不可观测因素的影响过滤出来，并且可利用被解释变量过去观察值提供的信息得到状态变量的最佳近似。

设 y_t是（$k\times l$）维可观测向量，其包含 k 个经济变量，有（$m\times l$）维状态向量 a_t，可观测向量 y_t与状态向量 a_t有关，有：

$$y_t = Z_t\alpha_t + d_t + u_t \tag{4-1}$$

该式被称为量测方程（Measurement Equation），也叫信号方程（Signal Equation）。其中，n 为样本长度；Z_t是（$k \times m$）矩阵；a_t的元素是不可观测的；d_t为（$k \times l$）维向量；u_t是（$k \times l$）维向量，是均值为 0、协方差矩阵为 H_t的连续的不相关误差项，即

$$E(u_t) = 0, \text{var}(u_t) = H_t \tag{4-2}$$

一般情况下，a_t的元素是不可观测的，但可表示成一阶马尔科夫（Markov）过程。下面定义转移方程（Transition Equation）［或称状态方程（State Equation）］：

$$\alpha_t = T_t\alpha_{t-1} + c_t + R_t\varepsilon_t,\ t = 1,\ 2,\ \cdots,\ T \tag{4-3}$$

在式（4－3）中：T_t表示矩阵，C_t表示（$m \times l$）向量，R_t表示（$m \times n$）矩阵，ε_t表示（$g \times l$）向量，是均值为 0、协方差矩阵为 Q_t的连续的不相关扰动项，即：

$$E(\varepsilon_t) = 0, \text{var}(\varepsilon_t) = Q_t \tag{4-4}$$

当 $k = 1$ 时，变为单变量模型，量测方程可以写成：

$$y_t = Z_t\alpha_t + d_t + u_t,\ t = 1,\ 2,\ \cdots,\ T$$

$$\text{var}(u_t) = h_t \tag{4-5}$$

若使上述状态空间模型成立，还需满足下面两个假定：

ⅰ初始状态向量α_0的均值为a_0，协方差矩阵为P_0，即

$$E(\alpha_0) = a_0, \text{var}(\alpha_0) = P_0 \tag{4-6}$$

ⅱ在所有的时间区间上，扰动项u_t和ε_t相互独立，而且它们和初始状态a_0也不相关，即

$$E(u_t\varepsilon_s') = 0, s, t = 1, 2, \cdots, T \tag{4-7}$$

$$E(u_t\alpha_0') = 0, E(\varepsilon_t\alpha_0') = 0, t = 1, 2, \cdots, T \tag{4-8}$$

2. 可变参数状态空间模型（time varying parameter model）。我国由于经济改革、各种各样的外界冲击和政策变化等因素的影响，经济结构正在逐渐发生变化，而采用固定参数模型和普通最小二乘法（OLS）表现不出来这种经济结构的变化，因此考虑采用可变参数模型可变参数模型的状态空间表示：

$$y_t = x_t\beta_t + \omega_t\gamma + u_t,\ t = 1,\ 2,\ \cdots,\ T \tag{4-9}$$

式中，β_t是随时间改变的，体现了解释变量对于因变量影响关系的改变，假定变参数β_t由 AR（1）描述：

$$\beta_t = \psi\beta_{t-1} + \varepsilon_t \tag{4-10}$$

也可以扩展为 AR（p）模型，并且假定

$$(u_t,\ \varepsilon_t)\ \sim N\left[\begin{pmatrix}0\\o\end{pmatrix},\ \begin{pmatrix}\sigma^2 & g\\ g & Q\end{pmatrix}\right],\ t=1,\ 2,\ \cdots,\ T \tag{4-11}$$

在式（4－9）中，可变参数 β_t 是不可观测变量，必须利用可观测变量 y_t 和 x_t 来估计。根据式（4－11），u_t 和 ε_t 不一定是相互独立的，且服从均值为 0、方差为 σ^2 和协方差矩阵为 Q，且 $\mathrm{cov}(u_t,\varepsilon_t)=g$ 的正态分布。

第二节　实证评估

一、基于数据协调性检验的可靠性实证评估

（一）四川省地区生产总值数据初步评估

四川省地区生产总值的历年统计数据反映了其地区经济增长的发展状况和变化趋势。从 1978—2009 年四川省地区生产总值、地区生产总值指数和人均地区生产总值的时间序列图可以明显看出，四川省的地区生产总值等指标呈明显的增长趋势，且三者变动趋势一致，而地区生产总值增速波动明显，由此可初步认为该时间序列值处于非平稳状况，如图 4－1 所示。

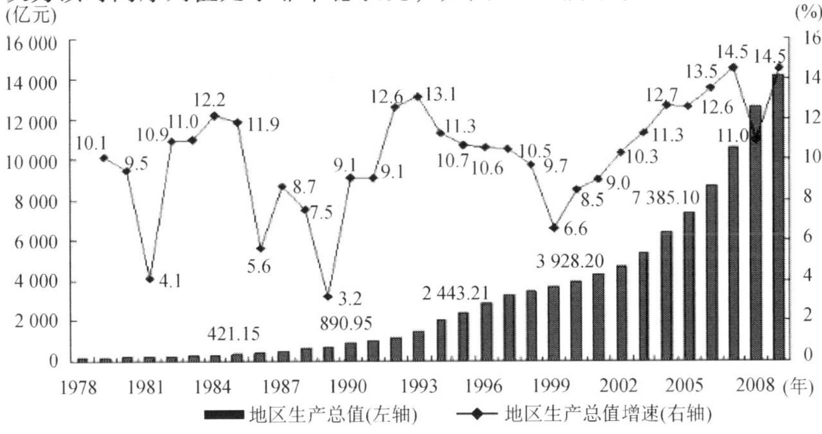

图 4－1　四川省地区生产总值和增长速度趋势

图4－1中的相关数据根据《四川统计年鉴2010》数据整理而得，四川省地区生产总值以当年价计算，地区生产总值增长速度以可比价计算。可以明显看出，四川省地区生产总值绝对值呈指数增长趋势，同比增长速度呈现上下波动态势，1981年、1989年、1999年和2008年地区生产总值增速急剧下降，随后拉升，这与当时的国际经济形势的影响有关。1997年6月，重庆市从四川省划分出去，相应指标却无明显变化，因此是否存在统计误差有待深入的理论探讨分析。

可通过构建组合模型，对四川省地区生产总值的时间序列变动规律进行分析，探析四川省地区生产总值的统计数据可靠性。

首先，对四川省地区生产总值时间序列值进行单位根检验，结果表明原序列为非平稳序列。其次，对地区生产总值进行趋势性分析。从时间序列的变动趋势直观图可以看出，其呈现指数上升的趋势，可对原序列取对数，并进行一阶差分，消除原序列值的趋势性，进而根据平稳非白噪声序列的自相关图和偏自相关图拟合ARMA模型。四川省地区生产总值的时间序列拟合模型建立如下：

$$\Delta LnGDP = 0.141 + 0.547\Delta LnGDP\ (-1)$$

$$t:\ (7.471)\qquad (3.473)$$

$$F = 12.065\quad D.W. = 1.953\quad R^2 = 0.301$$

上述模型的t统计量表明模型中各参数是显著的，F检验值表明模型总体上是显著的，D.W.检验表明残差没有一阶自相关，且残差序列通过白噪声检验，表明模型提取信息充分。拟合优度值偏低，说明一阶差分后的时间序列值具有波动性，与拟合模型存在一定程度的差异，进而可初步判断近30年来四川省地区生产总值在长期增长趋势下呈现一定程度的非平稳增长的动态波动特征。

利用上述模型对四川省2009年的地区生产总值进行估计，四川省2009年地区生产总值的实际值在95%的置信区间内，实际值相对估计值的误差为4.16%，从而可认为四川省该年的地区生产总值统计数据是可靠的，建立的模型可大致拟合时间序列变动趋势。

（二）地区生产总值与价格水平的协调关系

改革开放以来，我国经济发展存在一定程度的波动，经验表明，我国经济增长速度的变化与各种价格指数的变动存在联动关系，经济高速增长或需求的增加总是伴随着价格指数的上升或增幅加大，反之亦然。

充分考虑数据的可获得性和可比性，各种物价指数选取有代表性的工业品出厂价格指数、固定资产投资价格指数、居民消费价格指数和商品零售价格指数，地区经济增长的代表指标则选取地区生产总值指数。由于物价与地区经济增长之间关系密切，四川省地区生产总值指数应采用未剔除价格因素的当年价格进行计算得出，四川省各种价格指数与地区生产总值指数变动之间的相互关系如表 4－1 所示。

表 4－1　　四川省物价指数与地区生产总值指数（上年＝100）

年份	工业品出厂价格指数	固定资产投资价格指数	居民消费价格指数	商品零售价格指数	地区生产总值指数
1978	—	—	—	99.6	100.0
1979	—	—	—	105.4	111.5
1980	—	—	—	108.1	111.4
1981	—	—	—	101.8	105.7
1982	—	—	—	102.3	113.6
1983	—	—	—	100.7	113.0
1984	—	—	—	102.3	115.1
1985	—	—	107.6	106.8	117.6
1986	—	—	104.8	103.9	108.8
1987	—	—	107.6	107.5	115.9
1988	—	—	119.9	120.0	124.3
1989	—	—	119.8	118.3	112.9
1990	—	—	103.8	103.1	119.6
1991	—	108.1	103.0	102.3	114.1
1992	—	113.9	107.4	106.4	115.8
1993	—	133.2	116.8	113.9	126.2
1994	—	107.3	124.6	123.9	134.7
1995	112.3	101.2	118.5	117.0	122.1
1996	102.2	104.8	109.3	107.7	117.5
1997	100.9	102.2	105.1	102.9	112.9
1998	97.3	97.5	99.6	97.7	107.2
1999	96.0	100.5	98.5	97.3	105.0
2000	98.1	100.9	100.1	97.7	107.6

续表

年份	工业品出厂价格指数	固定资产投资价格指数	居民消费价格指数	商品零售价格指数	地区生产总值指数
2001	98.5	101.5	102.1	100.8	109.3
2002	97.7	100.5	99.7	99.4	110.1
2003	100.5	102.2	101.7	100.1	112.9
2004	105.4	106.8	104.9	103.7	119.6
2005	104.0	103.9	101.7	100.6	115.8
2006	101.9	102.9	102.3	101.7	117.7
2007	103.9	104.7	105.9	105.3	121.5
2008	109.3	112.5	105.1	105.3	119.3
2009	96.5	98.3	100.8	100.1	112.3

注：表中数据来源于“CSMAR数据库”“中经网统计数据库”和《四川统计年鉴2010》，地区生产总值指数采用当年价格整理得出，“—”表示数据缺失。

从表4－1可知，由于经济紧缩，1981年四川省地区生产总值指数显著降低，与整个国家经济状况相符。1986年地区生产总值指数下降，同时居民消费价格指数和商品零售价格指数也下降，该时期的地区生产总值指数仍比较可靠，说明该时期四川省经济增长出现一定程度的下滑。1988—1990年经济紧缩时期，四川省地区生产总值在经历了1988年的高速增长之后有一定的回落，1990年在其他物价指数下降的情况下，地区生产总值指数比上年有所增长，存在一定的虚增成分。1996—1998年爆发的亚洲金融危机对四川省地区经济增长同样有影响，地区生产总值指数和其他物价指数普遍下降。特别是1997年重庆市成为直辖市，该时期的四川省地区生产总值指数并未显著降低，与此同时，自20世纪90年代中期开始，地区生产总值指数平均高于各种物价指数约10个百分点。可初步认为，从该时期起，四川省的地区生产总值有一定程度的虚增。

（三）地区生产总值与运输相关指标的协调关系

地区经济的增长伴随着交通运输业的发展，经济增长较快时，交通运输业增长也相应较快。根据交通运输业与地区经济增长的正相关关系，可有效衡量地区经济增长幅度的可信度和误差。

根据交通运输业的运输方式，采用货运量和客运量两个指标的实物量进行分析，地区生产总值则采用可比价进行调整，消除价格因素的影响。四川省货物运输总量、旅客运输总量和地区生产总值均以指数形式体现，以 1978 年为基期，通过分析比较三者之间的关系，可以估计地区经济增长是否存在统计误差，如图 4-2 所示。

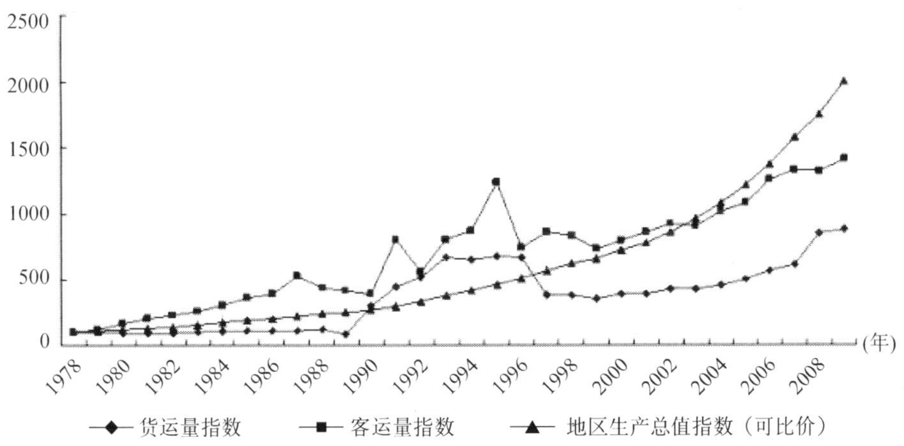

图 4-2 四川省货运量指数、客运量指数与地区生产总值指数趋势图（1978 年 =100）

1977—1989 年，四川省旅客运输量和货物运输量一高一低，与地区生产总值趋势线基本同步，说明其地区经济增长数据统计存在误差的可能性不大。

1990—1996 年，四川省地区生产总值指数呈线性递增趋势，货物运输量和旅客运输量均超过地区生产总值增长幅度，且客运量在 1991 年和 1995 年剧增，偏离幅度较大，表明地区生产总值统计数据有可能偏低。由于改革开放的步伐于 20 世纪 90 年代初加快，地区、省际人员和货物流动量加大，运输量显著增加，地区生产总值受其他因素影响，增长幅度相对延缓。因此，可以认为该时期地区生产总值数据的统计误差不大。

1996—2009 年，地区生产总值指数持续上升，呈指数增长趋势，受亚洲金融危机影响，1997 年货运量急剧下降。从总体趋势看，货运量和客运量呈线性增长，增长幅度明显低于地区生产总值指数，2003 年起，地区生产总值指数超过货运量和客运量指数，增长显著。1997 年重庆市成为直辖市，四川省地区生产总值指数却未出现异常变动，可以认为该时期地区生产总值存在虚增成分，地区经济增速误差在 3%—7% 之间，平均误差为 5% 左右。

可通过货物周转量和旅客周转量对 1997—2009 年的地区经济增长统计误差进行分析，如图 4-3 所示。

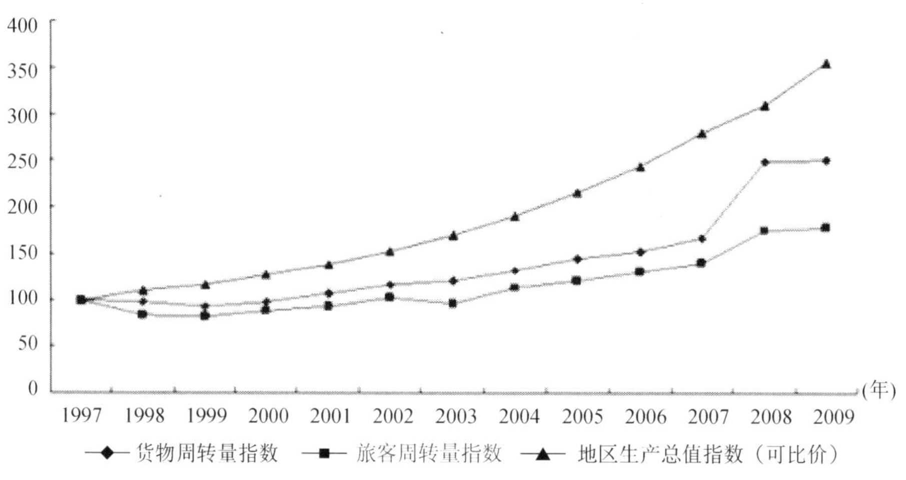

图 4-3 四川省货物周转量指数、旅客周转量指数与地区生产总值指数趋势图（1978 年 =100）

1997 年起，四川省地区生产总值呈指数增长趋势，且明显高于货物周转量和旅客周转量增长幅度。2008 年、2009 年货物和旅客周转量显著增加，地区生产总值指数却无显著变化，地区生产总值年平均增长 11.13%，平均误差在 4% 左右。结合货运量和客运量的分析可以认为，该时期四川省地区生产总值统计数据存在一定的误差，在不考虑其他因素影响的情况下，其平均误差约为 4.6 个百分点。

二、基于多因素分析法的实证评估

上述分析表明，四川省地区生产总值的统计数据从 20 世纪 90 年代中后期开始存在一定程度的偏高，特别是 1997 年 6 月重庆市成为直辖市，同时受亚洲金融危机的冲击，该时期地区生产总值仍呈现稳步增长趋势，仅 1999 年地区经济增速下降明显，这在很大程度上表明地区经济增长统计数据的可靠性程度较低。地区经济增长的统计数据涵盖经济社会的多个方面，仅考虑单因素的影响具有一定的片面性。因此，选取多个领域的经济变量对地区经济发展状况进行深入分析，进一步评估地区经济增长数据的可靠性，这将提高评估结果的可信程度。

（一）指标的选取与处理

指标的选取应充分考虑变量涵盖的领域和内容，同时根据数据的代表性、可获得性和相对独立性原则，本书选取了消费、投资、交通、通货膨胀和人民生活等多个经济领域的变量。考虑四川省所处的内陆地理位置和产业发展状况，各领域变量均选取有代表性的指标进行分析，具体指标体系的构成如表4－2所示。

表4－2　　四川省地区经济增长统计指标体系

经济领域	指标名称	单位
农业	粮食总产量	万吨 亿元
消费	社会消费品零售总额	亿元
投资	固定资产投资额	亿元
劳动力	就业人数	万人
通货膨胀	商品零售价格指数	—
交通运输	客运量	万人
人民生活	职工平均实际工资	元

本书选取表4－2中的7个指标来验证地区经济增长统计数据的可靠性，指标变量涉及各个领域，且数据来源相对独立，分析结果具有一定的可信度。

首先，对原始数据进行相应的调整和预处理，采用可比价消除价格影响因素；其次，以上年为基期，将所有数据转化为增长率的形式，为进一步的计量分析做好准备。原始变量数据的获取来源于《四川统计年鉴2010》和“CSMAR数据库”，其中以现价计算的社会消费品零售总额和固定资产投资额采用以1978年为基期的商品零售价格指数进行可比价调整（居民消费价格指数数据不全），粮食产量、就业人数等采用实物量的指标数据来源相对较为独立，更能有效体现地区经济增长的实际状况。

（二）相关性分析

四川省地区经济增长变量之间的相关程度各不相同，本书运用多元统计分析方法，对表4－2中7个指标进行相关性分析。从相关系数矩阵可以看出，粮食总产量增长率与就业人数增长率之间的相关系数值最大，商品零售价格指数与就业人数增长率、固定资产投资额增长率与职工平均实际工资增长率和就业人数增长率的相关系数值均大于0.3，说明其具有一定的相关性，职工平均实际工资增长率与商品零售价格指数和粮食总产量增长率、商品零售价格指数与社会消费品零售总额增长率则呈现负相关，其他变量之间的相关性较小。

运用 SPSS 软件进行主成分分析，KMO 统计量为 0.481（小于 0.7），表明各变量间相关性较弱，而 Bartlett's 球形检验（巴特利球形检验）sig 值为 0，显著性检验表明各变量间独立性不强。同样，根据特征根的方差贡献率可知，提取的主成分变量代表性不大，仅可以看出粮食总产量增长率、就业人数增长率、商品零售价格指数之间的相关性较强（此处省略具体分析结果）。

相关性较强的变量之间不可避免地存在多重共线性问题，从而导致变量系数值不准确和变量显著性下降。因此，本书剔除与其他变量相关性较强的就业人数增长率指标，进一步对影响地区经济增长统计数据的 6 个变量进行分析，利用 Eviews 软件对地区生产总值增长率与其他各个变量建立计量模型，采用岭回归法进行分析，仅固定资产投资额增长率变量通过显著性检验，P 值为 0.0064，系数为 0.091，模型拟合优度为 0.371，可知四川省地区经济增长主要靠投资拉动，而投资规模的增加带动商品零售价格指数的上升和职工平均实际工资的增长。这主要反映在这三个指标的系数值相对较大，而社会消费品零售总额增速和粮食总产量增速系数值较低，表明消费与农业对地区生产总值的增长贡献率相对较小。

（三）生产函数分析法

上述分析中已知固定资产投资对地区经济增长的影响较大，从投入产出角度出发，人力与资本投入的多少决定着产出量即地区生产总值增长的多少，因此可采用生产函数法对地区经济增长情况进行分析。特别是 1997 年重庆市成为直辖市，考虑年度的特殊影响，将分析分为 1978—1996 年和 1997—2009 年两个时间段，对每个时间段使用一个时间趋势变量，可以获得相应时间段的综合要素生产率增长率的估计，从而可根据经济体制与生产率增长率的一致性来判断是否存在统计误差。

原生产函数经变形后的公式为：

$$\mathrm{Ln}(\mathrm{GDP/L}) = \alpha + \beta \mathrm{Ln}(\mathrm{K/L}) + V_i T_i \tag{4-12}$$

为剔除价格影响因素，所有指标均采用可比价进行调整。在式（4-12）中：GDP 代表可比价的地区生产总值；L 代表劳动力，即就业人数；K 代表资本存量，即可比价的固定资产投资额；V_i 代表综合要素生产率的增长率（含技术投入的贡献）；T_i 代表时间趋势变量；α 是常数项；β 是资本的产出弹性；

劳动力的产出弹性则是（1－β）。下标 i 区分两个不同的时间段：T78＝0，1，…，18，分别代表 1978—1996 年各年份；T97＝0，0，…，1，…，13，从 1 开始分别代表 1997—2009 年各年份。

根据生产函数构建的模型分析的具体结果见表 4－3。

表 4－3　生产函数分析结果

	模型	R^2	F 值	P 值
模型一（1978—1996 年）	$Y = 16.051 + 0.203^{*} X - 0.019^{*} T_{78} + 0.994^{*} AR(1)$ （0.377）（2.543**）（－6.015***）（41.784***）	0.995	1 738.371	0.000
模型二（1997—2009 年）	$Y = 6.724 + 0.130^{*} X + 0.091 * T_{97} + 0.912^{*} AR(1)$ （7.776***）（1.156）（2.725**）（12.644***）	0.990	912.886	0.000
模型三（1978—1996 年）（1997—2009 年）	$Y = 6.907 + 0.186^{*} X - 0.018^{*} T_{78} + 0.047^{*} T_{97} + 0.940^{*} AR(1)$ （7.659***）（2.289**）（－5.241***）（1.782*）（20.546***）	0.995	1 351.865	0.000
模型四（1978—2009 年）	$Y = 5.101 + 0.254^{*} X + 0.053^{*} T + 0.673^{*} AR(1)$ （11.398***）（2.232**）（3.181***）（4.479***）	0.990	893.572	0.000

注：括号内是 t 值，“＊”表示显著水平达到 10%，“＊＊”表示显著水平达到 5%，“＊＊＊”表示显著水平达到 1%。

为避免自相关性带来的估计偏差，生产函数均采用 AR 模型进行回归，且上述模型均通过了 D. W. 检验。模型一和模型二以 1997 年为时间趋势变量的间隔点；模型三同时将两个时间趋势变量代入生产函数；模型四则把 1977—2009 年无时间间隔点的时间趋势变量引入模型。

上述 4 个模型的拟合优度均很好，整体模型的统计显著性高。根据模型可知，1978—1996 年期间，四川省地区经济的综合要素生产率增长率为－1.8%，从整个经济环境来看，1978 年改革开放以来，全国经济处于上升阶段。但由于四川省地处西部，交通的不便利和区域经济辐射面小，工业、电子信息业的发展尚未成熟，外资引入相对匮乏，人力资本、技术等投入带来的生产率增长比较滞后，该时期生产率增长率为负值可以接受，可以认为该时期的地区经济增长统计数据相对可靠。1997—2009 年综合要素生产增长比上一时期增加 4.7%，即该时期的生产率增长 2.9%。由于四川行政区域的重新规划，加上亚洲金融危机的影响，四川省地区经济增长速度在1997年后的几年里应该有所下降，增速相对较慢，但模型分析的结果表明，该时期生产率增速反而更快。模型二中该时期的生产率增长高达9.1%，由于资本存量对地区生产总值增速的影响的统计显著性低，该时期固定资产投资总额和地区生产总值数据可能存在一定的误差，生产率增长率虚增的成分较大，可不考虑该数据。从整个时期来看，不考虑时间间隔点，综合要素生产率增长5.3%，虚增成分很大。1997年以后，在整个国家宏观经济运行良好的趋势下，在区域经济发展和西部大开发策略的规划下，四川省地区经济发展迅速，电子信息技术领域尤为突出，带动了整体生产率的提高。根据全国生产率增速可以初步估计，该时期四川省地区生产率增长可能提高到2—3个百分点，而模型估计结果显示，该时期生产率增长2.9%，比前一时期增长4.7%，说明经济增长率被高估。与前面已有的分析结论一致，1996—2009年四川省地区生产总值增长率存在一定的虚增成分，地区经济年平均增长率应从11.13%调整到9%左右。

三、基于统计诊断方法的实证评估

本部分我们从面板数据的角度出发，采用统计诊断的方法对地区生产总值季度数据进行实证评估。同时，我们选取全社会用电量、税收总额和金融机构各项贷款余额这三项与地区经济增长密切相关的指标作为判别指标（见表4－4、表4－5和表4－6）。

表4－4　　全社会用电量得分计算

规模分组	市、州	发展速度比率	检验统计量	P	1－P	得分
	全省	1.0030				
2	成都市	0.9341	－1.10	0.136	0.864	100
1	自贡市	1.0103	0.05	0.522	0.478	98
1	攀枝花	1.1455	1.06	0.855	0.145	54
2	泸州市	1.5211	8.27	1.000	0.000	0
2	德阳市	1.1406	2.20	0.986	0.014	17
2	绵阳市	1.0207	0.28	0.611	0.389	88
1	广元市	1.0683	0.48	0.686	0.314	79
1	遂宁市	1.0362	0.25	0.597	0.403	90
1	内江市	1.0373	0.25	0.600	0.400	89

续表

规模分组	市、州	发展速度比率	检验统计量	P	1 - P	得分
	全省	1.0030				
2	乐山市	1.0371	0.55	0.707	0.293	77
2	南充市	1.0031	0.00	0.501	0.499	100
1	眉山市	1.0291	0.19	0.577	0.423	92
2	宜宾市	0.9879	-0.24	0.405	0.595	100
1	广安市	0.8537	-1.11	0.134	0.866	100
2	达州市	0.9911	-0.19	0.425	0.575	100
1	雅安市	1.1228	0.89	0.813	0.187	61
1	巴中市	0.9343	-0.51	0.305	0.695	100
2	资阳市	1.0404	0.60	0.725	0.275	74
1	阿坝州	0.9995	-0.03	0.490	0.510	100
1	甘孜州	0.9055	-0.72	0.235	0.765	100
2	凉山州	1.0219	0.30	0.619	0.381	87

表 4-5　　　　税收总额得分计算

规模分组	市、州	发展速度比率	检验统计量	P	1 - P	得分
	全省	1.0030				
2	成都市	0.9341	-0.72	0.236	0.764	100
1	自贡市	1.0103	0.05	0.520	0.480	98
1	攀枝花市	1.1455	0.95	0.829	0.171	59
2	泸州市	1.5211	5.41	1.000	0.000	0
2	德阳市	1.1406	1.44	0.925	0.075	39
2	绵阳市	1.0207	0.19	0.573	0.427	92
1	广元市	1.0683	0.43	0.668	0.332	81
1	遂宁市	1.0362	0.22	0.587	0.413	91
1	内江市	1.0373	0.23	0.590	0.410	91
2	乐山市	1.0371	0.36	0.640	0.360	85
2	南充市	1.0031	0.00	0.500	0.500	100
1	眉山市	1.0291	0.17	0.569	0.431	93
2	宜宾市	0.9879	-0.16	0.437	0.563	100
1	广安市	0.8537	-0.99	0.160	0.840	100
2	达州市	0.9911	-0.12	0.451	0.549	100

续表

规模分组	市、州	发展速度比率	检验统计量	P	1 - P	得分
	全省	1.0030				
1	雅安市	1.1228	0.80	0.787	0.213	65
1	巴中市	0.9343	-0.46	0.324	0.676	100
2	资阳市	1.0404	0.39	0.652	0.348	83
1	阿坝州	0.9995	-0.02	0.491	0.509	100
1	甘孜州	0.9055	-0.65	0.258	0.742	100
2	凉山州	1.0219	0.20	0.578	0.422	92

表 4-6　　金融机构各项贷款余额得分计算

规模分组	市、州	发展速度比率	检验统计量	P	1 - P	得分
	全省	0.9318				
2	成都市	0.9445	0.23	0.591	0.409	90
1	自贡市	0.9289	-0.06	0.477	0.523	100
1	攀枝花市	0.9942	1.24	0.892	0.108	46
2	泸州市	0.9097	-0.40	0.343	0.657	100
2	德阳市	0.9585	0.49	0.686	0.314	79
2	绵阳市	0.9421	0.19	0.575	0.425	92
1	广元市	0.8948	-0.74	0.231	0.769	100
1	遂宁市	0.8870	-0.89	0.187	0.813	100
1	内江市	0.9083	-0.47	0.321	0.679	100
2	乐山市	0.9065	-0.46	0.322	0.678	100
2	南充市	0.8654	-1.21	0.113	0.887	100
1	眉山市	0.8967	-0.70	0.243	0.757	100
2	宜宾市	0.8372	-1.72	0.042	0.958	100
1	广安市	0.9036	-0.56	0.288	0.712	100
2	达州市	0.8854	-0.85	0.199	0.801	100
1	雅安市	0.8827	-0.97	0.165	0.835	100
1	巴中市	0.8354	-1.91	0.028	0.972	100
2	资阳市	0.8538	-1.42	0.078	0.922	100
1	阿坝州	0.8965	-0.70	0.242	0.758	100
1	甘孜州	0.9104	-0.42	0.336	0.664	100
2	凉山州	0.9629	0.57	0.714	0.286	76

设y_i是第 i 个市、州的地区生产总值发展速度，x_i是第 i 个市、州判别指标的发展速度，发展速度比率$z_i = y_i / x_i$。四川省 21 个市、州构成一个样本，构建

一个检验统计量：

$$F_i = \frac{z_i - \bar{z}}{\delta}$$

其中，$\bar{z}$为分布的均值（具体计算时，不能直接利用这 21 个样本数据计算平均值，而是采用统计局公布的当期全省数作为平均值），δ 为分布的标准差。

第一步，计算标准差 δ。

（1）按规模大小分组。为了减少异方差的影响，我们需按照地区生产总值绝对额占全省的比重，将全省 21 个市、州分为规模较大地区和规模较小地区，分为两组分别计算标准差，大组市、州采用大组标准差，小组市、州采用小组标准差。具体分组时，根据规模占比排序，将前 40% 的市、州作为规模较大组，余下的 60% 的市、州作为规模较小组。

（2）相关系数甄别。根据地区生产总值和判别指标的历史季度数据，计算两个指标数据间的相关系数，并计算其平均值，将该平均值作为历史数据稳定相关系数 ρ_0。若 2014 年第一季度的相关系数 $\rho \geqslant \rho_0$，则可以直接计算标准差；若 $\rho \leqslant \rho_0$，则逐一剔除 2014 年第一季度的异常地区，使 $\rho \geqslant \rho_0$，然后利用剩余地区计算标准差。

（3）标准差计算。相关系数甄别后，选取相关系数较大的 4 期历史数据，分别计算其标准差，再取这 4 期的均值作为历史标准差，然后计算 2014 年第一季度的标准差作为当期标准差，最后将历史标准差和当期标准差按照 3/4 和 1/4 的权数进行加权，获得最终标准差（包含大组标准差和小组标准差）。

第二步，计算最后得分。

计算出标准差后便可计算出统计量 F_i 的值。我们根据 F_i 值计算标准正态分布的累计概率 p，根据累计概率代入预先设定的分数转换公式便可计算得到最后得分。

$$Score = \begin{cases} 10 \times \sqrt{(1-p) \times 200}, p > 0.5 \\ 100, p \leqslant 0.5 \end{cases}$$

计算出各市、州工业增加值增速与判别指标的最后得分后，按照各自 1/3 的权数进行加权，计算得到地区生产总值增速的综合得分（见表 4-7）。

表4－7 2014年第一季度各市州地区生产总值协调性评估

市州	GDP增长率（%）	判别指标 增长率（%）			判别值（%）			得分	排名
		全社会用电量	税收总额	金融机构各项贷款余额	全社会用电量	税收总额	金融机构各项贷款余额		
全　省	8.1	3.4	7.78	16					
成都市	7.8	9.4	15.4	14.1	－1.1	－0.72	0.23	96.8	9
自贡市	8.5	－8.4	7.39	16.8	0.05	0.05	－0.06	98.6	8
攀枝花市	8.2	1.2	－5.54	8.8	1.06	0.95	1.24	53	19
泸州市	11.3	10.1	－26.83	22.4	8.27	5.41	－0.4	33.3	21
德阳市	8.7	10.5	－4.7	13.4	2.2	1.44	0.49	44.9	20
绵阳市	8.1	4.5	5.91	14.7	0.28	0.19	0.19	90.9	13
广元市	8.4	0	1.47	21.2	0.48	0.43	－0.74	86.9	15
遂宁市	8.6	8.7	4.81	22.4	0.25	0.22	－0.89	93.5	11
内江市	9.9	1.7	5.95	21	0.25	0.23	－0.47	93.3	12
乐山市	6.1	－11	2.3	17	0.55	0.36	－0.46	87.1	14
南充市	7.5	0.7	7.17	24.2	0	0	－1.21	100	1
眉山市	11	7.8	7.86	23.8	0.19	0.17	－0.7	94.9	10
宜宾市	0.5	0.2	1.73	20	－0.24	－0.16	－1.72	100	1
广安市	9.5	12.1	28.26	21.2	－1.11	－0.99	－0.56	100	1
达州市	9.2	5.3	10.18	23.3	－0.19	－0.12	－0.85	100	1
雅安市	9	－0.2	－2.92	23.5	0.89	0.8	－0.97	75.5	18
巴中市	8	8.2	15.59	29.3	－0.51	－0.46	－1.91	100	1
资阳市	11.2	10.4	6.88	30.2	0.6	0.39	－1.42	85.9	16
阿坝州	0.6	3.2	0.65	12.2	－0.03	－0.02	－0.7	100	1
甘孜州	0.2	12	10.66	10.1	－0.72	－0.65	－0.42	100	1
凉山州	9.8	3.7	7.45	14	0.3	0.2	0.57	84.9	17

表4－6显示，南充、宜宾、广安、达州、巴中、阿坝州和甘孜州7个市、州得分最高，其地区生产总值增速数据可靠性相对较高。

以60分为合格线，四川省共18个市、州得分在60分以上，我们认为其地区生产总值增速数据基本可靠。

泸州、德阳、攀枝花市得分均在60分以下，排名较为靠后，地区生产总值增速数据的可靠性相对较低。

四、基于可变参数状态空间模型的实证评估

（一）数据来源

变量选取原则：一是要考虑到变量涵盖的内容，二是要考虑数据来源的相对独立性和可靠性。从 GDP 支出法核算方法看，GDP = 消费 + 资本形成 + 净出口额。结合资料的可获取性，本书选取城镇居民人均可支配收入、全社会固定资产投资总额、地方财政一般预算收入这三项变量建立可变参数状态空间模型。事实上，城镇居民人均可支配收入决定了居民消费，地方财政一般预算收入决定了政府消费，全社会固定资产投资总额决定了资本形成。本书选取四川省 1978—2012 年的相关数据为例建立模型，结合客观经济运行背景和实验结果对指标数据间的协调性检验方法进行探索研究。

（二）单位根和协整检验

对 GDP 与城镇居民人均可支配收入、全社会固定资产投资总额、地方财政一般预算收入之间是否存在协整关系进行判断。

1. 变量时序图（见图 4 – 4）。

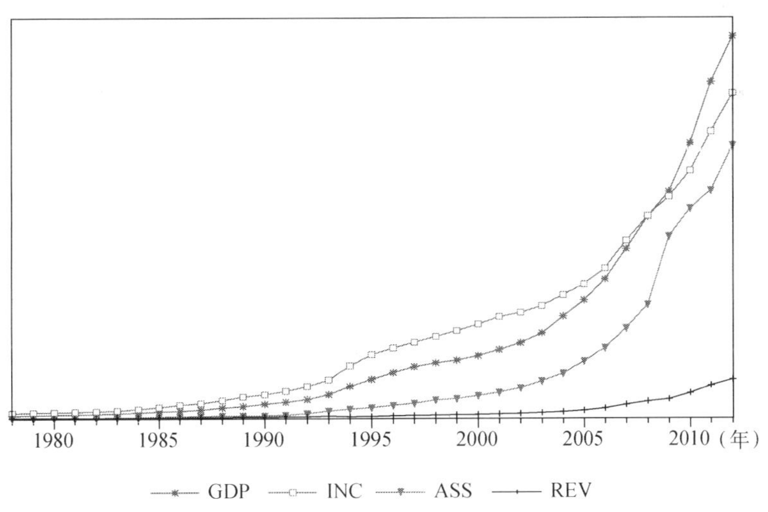

图 4 – 4　解释变量与被解释变量的趋势图

由图 4－4 可以看出，1978—2012 年四川省 GDP 与城镇居民人均可支配收入、全社会固定资产投资总额和地方财政一般预算收入的整体走势大致相同。

2. 单位根检验。对四川省 GDP、城镇居民人均可支配收入、全社会固定资产投资总额和地方财政一般预算收入序列进行 ADF 单位根检验，结果如表 4－8所示。

表 4－8　　各变量序列单位根检验结果

变量	ADF 检验值	P 值	各显著性水平下的临界值			结果
			1%	5%	10%	
GDP	0.0958	0.9606	－3.6463	－2.9540	－2.6158	非平稳
D（1）	－3.1249	0.0343	－3.6463	－2.9540	－2.6158	平稳
D（2）	－6.5267	0.0000	－3.6537	－2.9571	－2.6174	平稳
INC	－0.7061	0.8316	－3.6463	－2.9540	－2.6158	非平稳
D（1）	－2.6934	0.0859	－3.6463	－2.9540	－2.6158	非平稳
D（2）	－5.7120	0.0000	－3.6537	－2.9571	－2.6174	平稳
ASS	－0.3563	0.9054	－3.6463	－2.9540	－2.6158	非平稳
D（1）	－4.7158	0.0005	－3.6463	－2.9540	－2.6158	平稳
D（2）	－7.4709	0.0000	－3.6537	－2.9571	－2.6174	平稳
REV	2.5215	1.0000	－3.6394	－2.9511	－2.6143	非平稳
D（1）	－5.8251	0.0000	－3.6463	－2.9540	－2.6158	平稳
D（2）	－6.4173	0.0000	－3.6702	－2.9640	－2.6110	平稳

由表 4－8 可以看到，在 10% 的显著性水平下，各变量序列均表现为一阶单整，在 5% 的显著性水平下，城镇居民人均可支配收入序列虽然非平稳，但是各变量序列均表现为二阶单整。

3. Johansen 协整检验。单位根检验结果显示，各变量无论是在 10% 还是 5% 的显著性水平下，均表现同阶单整，满足协整检验的前提条件，因此我们可以对其进行协整检验，结果如表 4－9 所示。

表 4－9 显示，特征根迹统计量在 5% 的显著性水平下拒绝“无协整关系”的原假设，因此城镇居民人均可支配收入、全社会固定资产投资总额和地方财政一般预算收入与 GDP 之间存在长期稳定的协整关系。

（三）对变量序列协调性的检验

1. 可变参数状态空间模型估计结果。由于各变量间存在协整关系，可建

表 4 - 9 Johansen 协整检验结果

Unrestricted Cointegration Rank Test (Trace)

Hypothesized No. of CE(s)	Eigenvalue	Trace Statistic	0.05 Critical Value	Prob.**
None *	0.495548	50.61682	47.85613	0.0269
At most 1	0.481341	28.03551	29.79707	0.0787
At most 2	0.154269	6.370753	15.49471	0.6517
At most 3	0.025176	0.841460	3.841466	0.3590

Trace test indicates 1 cointegrating eqn(s) at the 0.05 level
* denotes rejection of the hypothesis at the 0.05 level
**MacKinnon-Haug-Michelis (1999) p-values

立状态空间模型对数据之间的关系进行模拟估计。使用 Eviews7.0 软件进行相应操作，通过卡尔曼滤波算法得到可变参数状态空间模型的估计结果如表 4 - 10所示。

表 4 - 10 状态空间模型估计结果

Sspace: UNTITLED
Method: Maximum likelihood (Marquardt)
Date: 08/20/14 Time: 21:01
Sample: 1978 2012
Included observations: 35
Convergence achieved after 1 iteration

	Coefficient	Std. Error	z-Statistic	Prob.
C(1)	-0.016420	0.200956	-0.081710	0.9349
C(2)	-6.276686	0.224394	-27.97178	0.0000
	Final State	Root MSE	z-Statistic	Prob.
SV1	0.676315	0.009029	74.90079	0.0000
SV2	0.168562	0.014343	11.75204	0.0000
SV3	0.225163	0.025077	8.979003	0.0000
Log likelihood	25.40220	Akaike info criterion		-1.337269
Parameters	2	Schwarz criterion		-1.248392
Diffuse priors	3	Hannan-Quinn criter.		-1.306588

改写成公式为：

$$GDP = -0.016420 + sv1 \times INC + sv2 \times ASS + sv3 \times REV + [var = \exp(-6.276686)]$$

$$(-0.081710) \qquad\qquad (-27.97178)$$

其中，*sv*1、*sv*2、*sv*3 分别代表四川省城镇居民人均可支配收入（*INC*）、全社会固定资产投资总额（*ASS*）和地方财政一般预算收入（*REV*）对 GDP 的影响是随时间而改变的。

根据经济理论，假定城镇居民人均可支配收入、全社会固定资产投资总额和地方财政一般预算收入对 GDP 之间的关系是协调稳定的，那么分别代表城镇居民人均可支配收入、全社会固定资产投资总额和地方财政一般预算收入对 GDP 的影响的变系数 *sv*1、*sv*2、*sv*3 随时间而变动，但相对协调和稳定。

由图 4－5 可以看出，城镇居民人均可支配收入、全社会固定资产投资总额和地方财政一般预算收入对 GDP 弹性的变动趋势大致分为以下两个阶段：

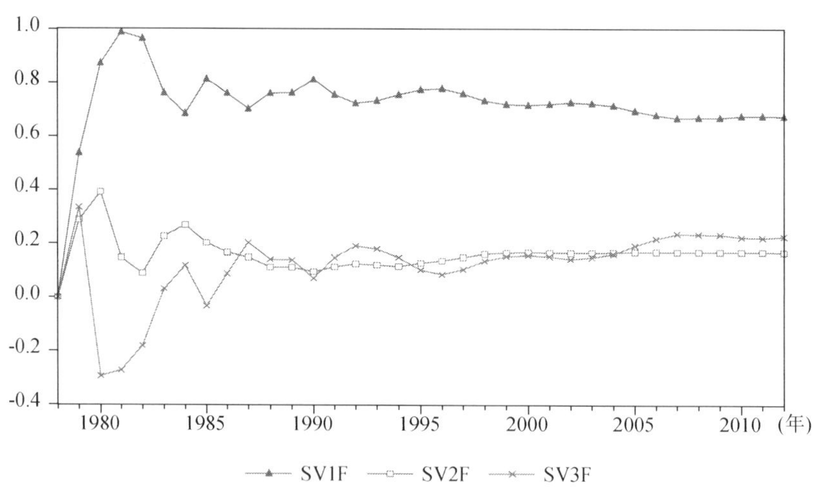

图 4－5 各变量对 GDP 的弹性变系数序列图

（1）1978—1990 年，变量弹性系数不协调、相互交叉影响阶段。造成这样的情况主要是因为 1978—1990 年受相关经济和政策环境变动、统计口径调整等方面的影响，指标数据受到较为强烈的干扰，不能表现出协调和平稳的状态。

（2）1990—2012 年，各变量弹性系数运行相对协调和平稳。随着经济发展，以及内外经济和政策环境的相对稳定，1990—2012 年，城镇居民人均可支配收入、全社会固定资产投资总额和地方财政一般预算收入对 GDP 弹性系数虽然各自发生一些变动，但在整体上保持着较为协调和稳定的状态。

2. 对指标序列异常值的试探性检验。为了检验指标数据出现异常值情况，上述系统是否会发生剧烈变动，本书尝试分别在各指标数据序列中人为加入异常值，以此试探各指标间的协调性和平稳性会否被打破。若协调性和平稳性出现剧烈变动，我们则可以认为本书拟合的可变参数状态空间模型能够有效识别指标数据中的异常值。

（1）GDP 发生异常变动。异常变动可分为两个方面，一方面在指标序列中出现极大值，另一方面即为出现极小值。为此，我们人为地改变 1998 年的原始数据，赋予其一个极大值和一个极小值（见图 4－6 和图 4－7）。

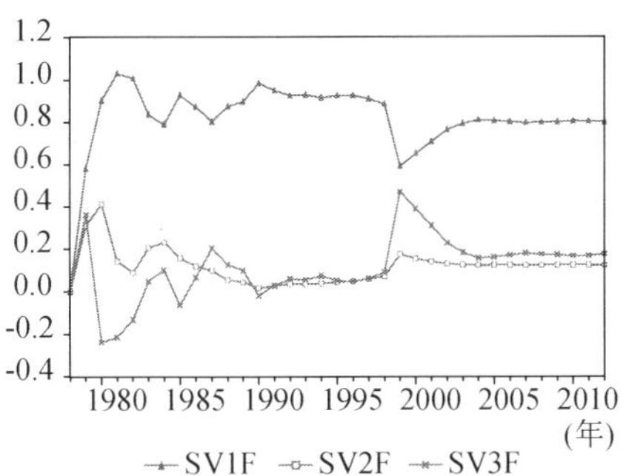

图 4－6　GDP 出现极大值

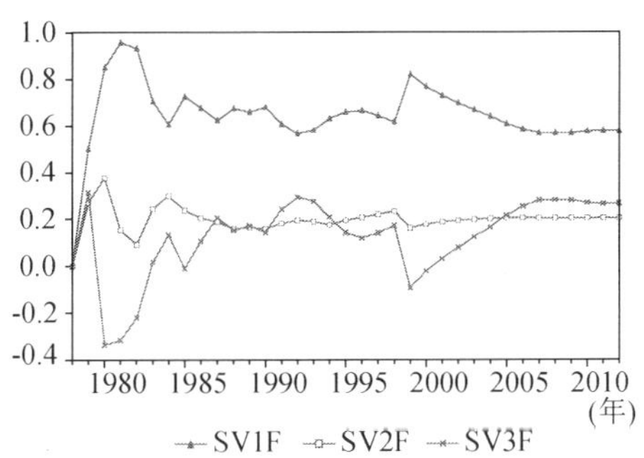

图 4－7　GDP 出现极小值

与图 4－5 相比，无论是图 4－6 还是图 4－7，均表现出异常值的出现导致原本相对协调和稳定的系统产生了较为剧烈的波动。

（2）*INC*、*ASS*、*REV* 发生异常变动。我们分别对城镇居民人均可支配收入（*INC*）、全社会固定资产投资总额（*ASS*）和地方财政一般预算收入（*REV*）在 1998 年的值给定极大值和极小值，观察系统的变动情况。图 4－8、图 4－9 分别为城镇居民人均可支配收入出现极大值和极小值时系统的变动情况；图 4－10、图 4－11 分别为全社会固定资产投资总额出现极大值和极小值时系统的变动情况；图 4－12、图 4－13 分别为地方财政一般预算收入出现极大值和极小值时系统的变动情况。

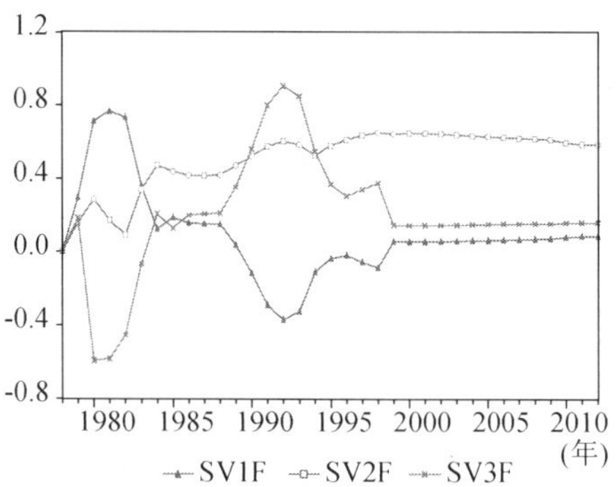

图 4－8　INC 出现极大值

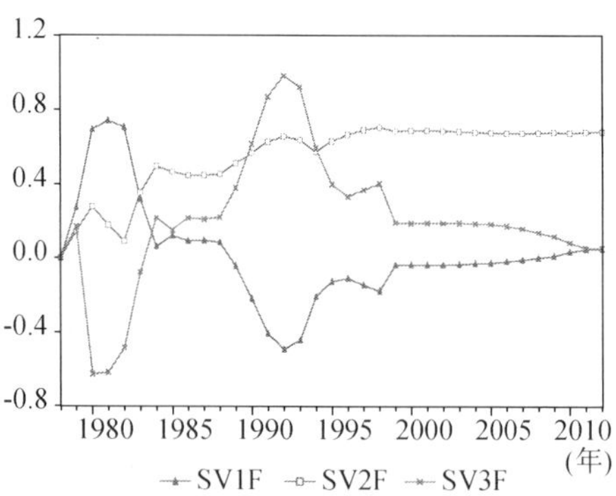

图 4－9　INC 出现极小值

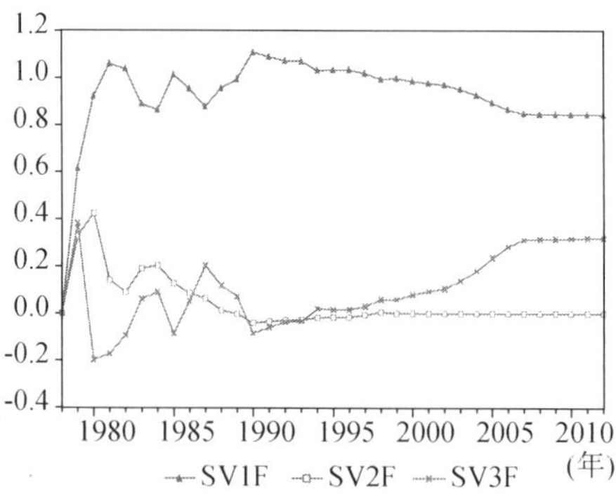

图 4－10　ASS 出现极大值

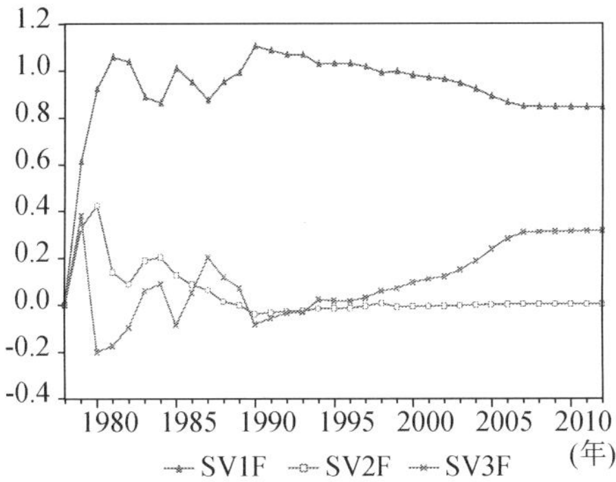

图 4-11　ASS 出现极小值

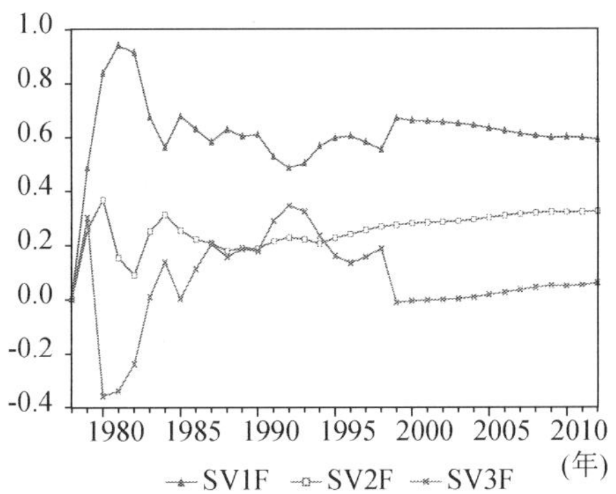

图 4-12　REV 出现极大值

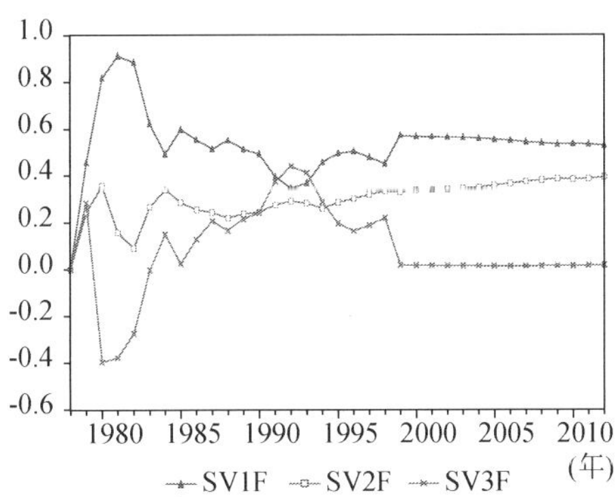

图 4-13　REV 出现极小值

对比图 4-5 可知，无论是图 4-8、图 4-10、图 4-12 还是图 4-9、图 4-11、图 4-13 所示，异常值的出现都会使得原本相对协调和稳定的指标变量系统发生剧烈变动。具体表现为：城镇居民人均可支配收入、全社会固定资产投资总额和地方财政一般预算收入序列等系统内部的统计指标出现异常值，会破坏指标系统原有的相对协调和稳定，且出现异常值的指标的可变系数无限趋于零。

（四）方法总结

首先，实验表明，镇居民人均可支配收入、全社会固定资产投资总额、地方财政一般预算收入和 GDP 之间的数据协调性可以通过可变参数状态空间模型进行模拟。

其次，可变参数状态空间模型适用于对地区生产总值进行数据协调性检验。可变参数状态空间模型的特性能够表现出我国经济改革、各种各样的外界冲击和政策变化等因素的变化对经济结构的影响。

最后，对于协调稳定的系统，当指标变量出现异常值时，可变参数状态空间模型能够较好地捕捉系统的异常变动，从而通过系统变动的情况相对稳定协调的系统数据是否出现了异常值进行有效判断。

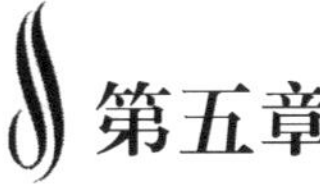

第五章 地区工业增加值数据可靠性评估

第一节 地区工业增加值可靠性评估方法

地区工业增加值数据通常表现为其与相关指标具有较高的协调性与匹配性：一是从经济系统的运行来看，工业增加值与经济结构相关变量存在一定的驱动关系，从而形成内部结构的协调性或匹配性；二是从投入与产出的关系来看，工业增加值与其投入要素与之间的协调性或匹配性；三是从实物量到价值量核算的汇总路径来看，工业增加值的价值量与实物量之间的协调性或匹配性；四是从核算工作来看，各个地、市汇总与省级地区工业增加值总量之间的协调性或匹配性，月报、季报和年报数据之间合理衔接而形成的协调性或匹配性，以及普查和常规统计之间数据衔接而形成的协调性或匹配性。因此，我们可以从协调性和匹配性两个角度出发对地区工业增加值数据的可靠性进行评估。

协调性角度，主要是将地区工业增加值数据和与其高度相关的指标数据进行对比，通过观察和验证它们之间的协调性程度，对工业增加值数据的质量，即可靠性，做出评估判断。协调性方面，本书主要从时间序列数据和面板数据两个维度进行实证评估。时间序列维度，主要是检验工业增加值与工业发电量、铁路货运量以及主营业务收入这三个工业经济指标之间的协调性；面板维度，主要是检验工业增加值与工业增值税、全社会工业用电量、规模以上工业企业综合能耗、货运量以及主营业务收入这五个统计指标之间的协调性。

一、Kendall 协和系数

为了反应指标间的一致程度，可以选择 Kendall 协和系数进行协调性检验。该系数不仅能检验 k 个相关样本是否来自统一总体，还能检验 b 个变量间的相关性。它表示的是 K 个指标间相互关联的程度（一致性程度），取值在 0 - 1。

Kendall 协和系数公式为：

$$W = T / \left[\frac{b^2 k(k^2 - 1)}{12} \right]$$

W 越接近 1，变量间的正相关性越好，即表现的一致性越强；反之，W 越接近 0，变量间正相关性越差，一致性越弱。

二、协调度模型分析

工业增加值与工业相关经济指标之间的协调度衡量不同经济发展水平阶段，工业相关经济指标与工业经济发展水平之间的耦合程度。借鉴相关工业经济指标协调度的研究，设定工业增加值与相关指标的协调度模型为：

$$c_{xy} = (x + y) / \sqrt{x^2 + y^2}$$

其中，x 为工业增长速度，y 为其他相关指标变化速率。C_{xy} 取值范围如表 5 - 1 所示。

表 5 - 1 协调度区间

C_{xy}	x，y	协调度
$1.2 \leq C_{xy} \leq 1.414$	$x \approx y$	较协调
$1 \leq C_{xy} < 1.2$	$x > 0$，$y > 0$，且 $x > y$	基本协调
$0.8 \leq C_{xy} < 1$	$x > 0$，$y < 0$	协调
$0.5 \leq C_{xy} < 0.8$	$x > 0$，$y < 0$	基本协调
$0 \leq C_{xy} < 0.5$	$x > 0$，$y < 0$	勉强协调
$-1.414 \leq C_{xy} < 0$	$x > 0$，$y < 0$ 或 $x < 0$，$y < 0$	不协调

三、耦合关联度分析

由于指标的原始数据量纲不同，为了能够进行时空比较，在进行关联分析之前，一般采用标准化的方法对数据进行无量纲化处理，本书采用 0－1 极差标准化法。

关联系数计算公式为：

$\xi(k)=(\Delta\min+\zeta\Delta\max)/(\Delta(k)+\zeta\Delta\max)$

其中分辨系数 ζ 设定为 0.5。

将关联系数按样本数 k 求平均值可以得到一个关联度矩阵 γ，反映了工业增长速度和相关指标变化速率的耦合作用的错综关系。若取最大值 $\gamma=1$，则说明工业增长速度和相关指标变化速率之间的关联性大，并且它们之间的变化规律近乎相同。

现规定：

当 $0<\gamma\leq0.35$ 时，关联度为弱，两个指标间耦合作用弱；

当 $0.35<\gamma\leq0.65$ 时，关联度为中，两个指标耦合作用中等；

当 $0.65<\gamma\leq0.85$ 时，关联度较强，两个指标耦合作用较强；

当 $0.85<\gamma<1$ 时，关联度极强，两个指标相互作用的规律几乎一样，耦合作用极强。

关于匹配性，我们从以下两个方面入手：

一方面，工业增加值数据质量的“可比”和“衔接”两个特征主要考察的是数据质量的时间维度上的因素。数据质量的可比性通常包括国际不同主体的数据可比以及统计口径可比等许多方面的内容，本部分则着眼于从匹配性角度对工业增加值数据进行可靠性评估，因而只考察时间方面的可比性，即工业增加值数据在时间先后上应该保持可比和衔接，所以一般情况下时间序列数据不会存在突变性。

从全社会的经济增长来看，工业技术进步对工业增加值有着重要的影响，但因为技术变革需要资金、熟练的技术人员等相应的系统结构变动才能完全产生效应，所以这种变化只能是渐进性的变化，即工业增加值不会突然发生变动。这种渐进变化体现在时间序列上是模型具有较为平稳的特性，基于此可以利用时间序列模型对地区工业增加值数据在时间维度上的匹配性进行可靠性评估。

另一方面，工业增加值数据的“可解释”和“有效”主要从数据的系统结构考察其可靠性。也就是说，从投入产出系统来看，工业增加值与其他相关指标将会呈现一定程度的相关关系，而以往所有质疑工业增加值数据可靠性的焦点也是基于这种假设的。这种反映系统内部结构匹配的关系，可以从投入和产出角度进行分析，工业增加值与用电量之间的关系是从投入产出的角度进行考察，而工业增加值是一个局部的宏观经济统计指标，随着产业结构的转型、节能减排等宏观措施的加强，投入产出关系在一定程度上会发生改变。

事实上，因为工业在社会经济系统运行中只是生产环节，所以当经济处于转型等特定阶段，可以把工业增加值放到系统运行环节中考察，即工业增加值与后续环节相互匹配，以此评估地区工业增加值数据的可靠性。工业增加值后续进入消费或者下一生产环节，所以工业增加值与货物运输、物价指数必然具有系统关联性。

由以上分析可知，基于匹配性的地区工业增加值数据可靠性评估应着眼于两个基本假设：一是地区工业增加值数据在时间维度上具有渐进稳定性，所以可以利用时间序列对其进行数据可靠性评估；二是地区工业增加值在国民经济运行过程中具有系统结构稳定性，所以可以利用结构稳定性进行评估，避免经济转型对工业增加值数据可靠性评估的影响。

第二节 地区工业增加值可靠性实证研究

本节主要基于协调性检验对数据可靠性进行实证评估。

一、时间序列维度的协调性检验

（一）工业增加值与工业经济相关指标的协调度分析

1. 工业增加值与工业发电量。工业发电量就是所有工业发电企业在一定计算周期内的发电总量。我国电网实行分类供电、分类计价，常见供电类别有工业用电、农业用电、生活用电等。客观而言，在以“快”为目标的经济增长方式中，发电量不失为经济增量的一种佐证（见图5－1）。

从图5－2可以看出，P值远小于0.001，协和系数为1.000，这说明四川省工业增加值与工业发电量之间的相关性或一致性非常高。

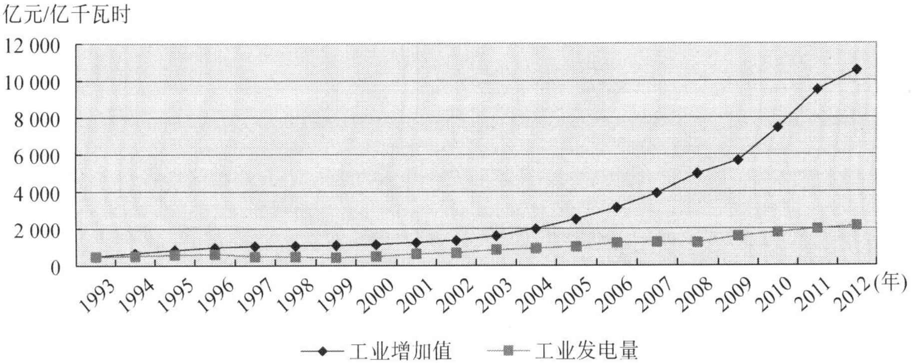

图 5－1　四川省工业增加值与工业发电量折线图

秩

	秩均值
ZJZ	2.00
FDL	1.00

检验统计量

N	20
Kendall W[a]	1.000
卡方	20.000
df	1
渐近显著性	0.000

a. Kendall 协同系数

图 5－2　Kendall W 检验结果

由图 5－3 可以看出，四川省工业增加值与工业发电量的增长并不是完全一致的，但总的趋势同步。一般情况下，工业增加值变化率与工业发电量增长率正相关，即工业发电量变化率提高（或降低），工业增加值增长率也随之提高（或降低）。同时，2000—2003 年和 2009 年除外，工业增加值增长率基本高于工业发电量的变化率。

如图 5－4 所示，从表 5－2 可知，1994—2012 年的大多数年份数据协调性较好，但 1997 年、1998 年、1999 年这三年的工业增加值与工业发电量增长数据出现明显不协调，数据可靠性令人质疑。

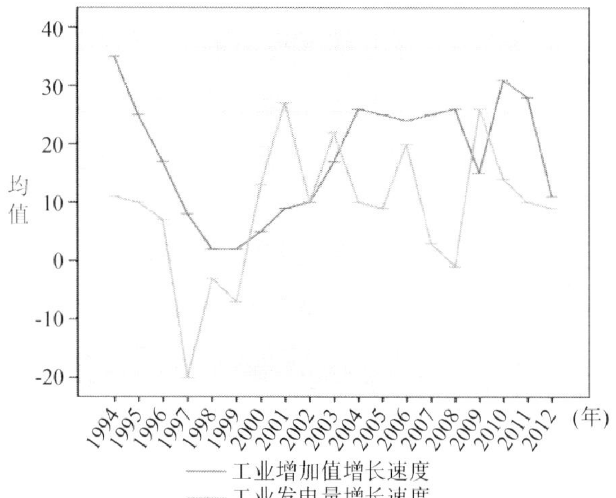

图 5－3 增长速度折线图

表 5－2 工业增加值与工业发电量增长速度

年份	工业增加值增长速度（%）	工业发电量增长速度（%）	年份	工业增加值增长速度（%）	工业发电量增长速度（%）
1993	—	—	2003	16.89	22.07
1994	34.85	11.50	2004	25.51	10.04
1995	24.75	9.71	2005	25.49	9.02
1996	17.34	7.30	2006	24.44	20.40
1997	7.93	－20.39	2007	24.70	2.96
1998	2.00	－3.34	2008	26.39	－0.58
1999	2.15	－6.66	2009	14.57	25.74
2000	5.00	12.70	2010	30.88	13.67
2001	8.55	26.62	2011	27.71	10.37
2002	9.53	9.85	2012	11.16	8.57

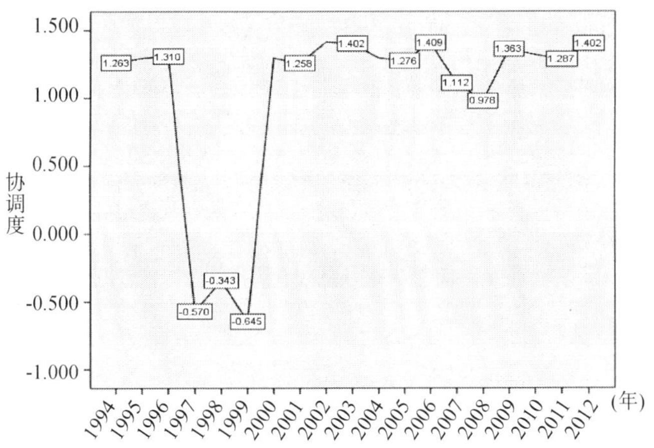

图 5-4　协调度分析

下面我们对工业增加值与工业发电量之间的耦合关联度进行测算。首先，我们对工业增加值与工业发电量数据进行标准化处理，结果见表 5-3。

表 5-3　　数据标准化处理

年份	工业增加值（Y）	工业发电量（X1）	年份	工业增加值（Y）	工业发电量（X1）
1993	0.00	0.02	2003	0.11	0.24
1994	0.02	0.05	2004	0.15	0.29
1995	0.03	0.08	2005	0.20	0.34
1996	0.05	0.10	2006	0.26	0.46
1997	0.06	0.03	2007	0.34	0.48
1998	0.06	0.02	2008	0.44	0.48
1999	0.06	0.00	2009	0.52	0.66
2000	0.07	0.03	2010	0.69	0.79
2001	0.08	0.11	2011	0.89	0.90
2002	0.09	0.15	2012	1.00	1.00

由表 5-3 得出，$\Delta(k) = Y(k) - X(k)$；$\Delta\min$ 和 $\Delta\max$ 即对应差数列表（见表 5-4）：

表 5 – 4 对应差数列表

年份	$Y(k)-X1(k)$	年份	$Y(k)-X1(k)$
1993	0.02	2003	0.13
1994	0.03	2004	0.14
1995	0.04	2005	0.13
1996	0.05	2006	0.20
1997	0.03	2007	0.14
1998	0.04	2008	0.03
1999	0.06	2009	0.15
2000	0.03	2010	0.10
2001	0.04	2011	0.01
2002	0.06	2012	0.00
Δmin	0.00	Δmax	0.20

然后根据表 5 – 4 计算关联系数，结果如表 5 – 5 所示。

表 5 – 5 关联系数表

年份	$\xi(k)$	年份	$\xi(k)$
1993	0.86	2003	0.44
1994	0.77	2004	0.42
1995	0.70	2005	0.43
1996	0.65	2006	0.34
1997	0.78	2007	0.42
1998	0.72	2008	0.76
1999	0.62	2009	0.40
2000	0.75	2010	0.50
2001	0.74	2011	0.94
2002	0.62	2012	1.00

根据表 5 – 5 计算可得关联度：

$$\gamma = \frac{1}{k}\sum_{k=1}^{20}\xi(k) = 0.64$$

由此可知，工业增加值与工业发电量之间的关联度为中等，两个指标间的耦合作用处于中等水平。耦合关联度走势如图 5 – 5 所示。

从图 5 – 5 可以看出两个指标耦合演变的规律：首先，整体上耦合度呈先下降后上升的趋势，2000 年后下降速度大幅增加，2006 年达到最低值，2007 年和 2008 年耦合度强势反弹，2009 年耦合度再次大幅下跌，之后耦合度呈急剧上扬的趋势。

其次，在四川经济发展的不同阶段，工业经济发展速度（工业增加值增长速度）和工业发电量变化速率间的耦合的强度和协调程度存在一定差异。

最后，2004—2007 年，以及 2009 年的工业增加值数据与发电量数据耦合度较低，两个指标间的关联性很弱，其数据可靠性可能存在问题。

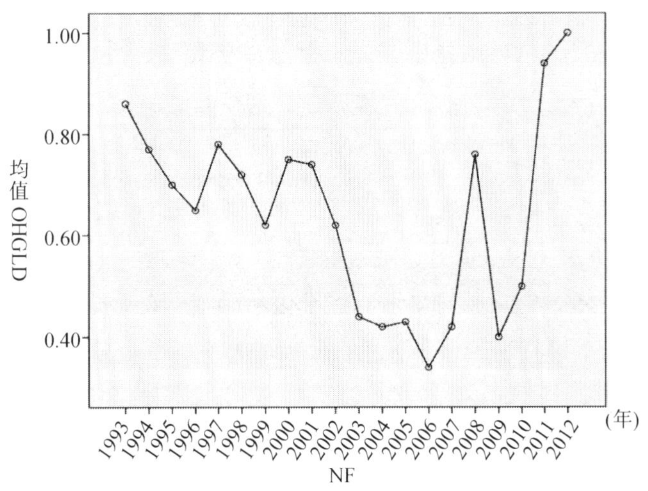

图 5－5　耦合度走势

2. 工业增加值与铁路货运量。铁路货运量在某种程度上是经济发展的晴雨表，它与企业开工率以及企业生产能力是否充分发挥等都有着密切联系（见图 5－6）。

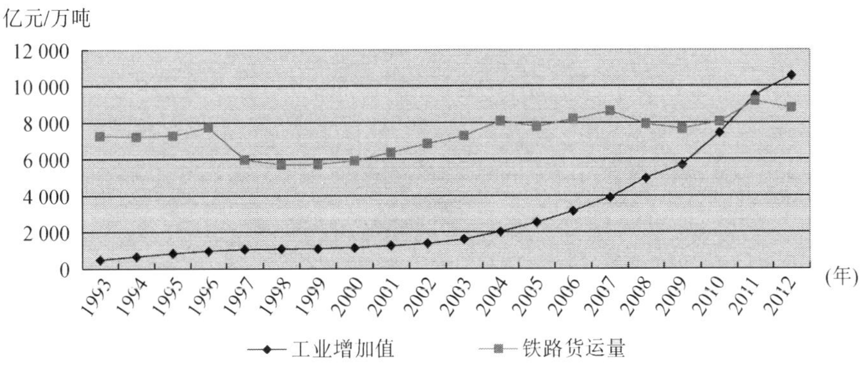

图 5－6　四川省工业增加值与铁路货运量折线图

从图5-7可以看出，P值远小于0.001，协和系数为0.640，这说明四川省工业增加值与工业发电量之间的相关性或一致性较高。

秩

	秩均值
ZJZ	1.10
HYL	1.90

检验统计量

N	20
Kendall W[a]	0.640
卡方	12.800
df	1
渐近显著性	0.000

a. Kendall 协同系数

图5-7 Kendall W 检验结果

由表5-6和图5-8可以看出，四川省工业增加值与铁路货运量的增长趋势较为一致。一般情况下，工业增加值变化率与铁路货运量增长率正相关，即铁路货运量变化率提高（或降低），工业增加值增长率也随之提高（或降低）。同时，1994—2012年，工业增加值增长率均高于铁路货运量的变化率，1999—2002年，二者增长速度几乎一致。

表5-6 工业增加值与铁路货运量增长速度

年份	工业增加值增长速度（%）	铁路货运量增长速度（%）	年份	工业增加值增长速度（%）	铁路货运量增长速度（%）
1993	—	—	2003	16.89	6.34
1994	34.85	-0.40	2004	25.51	11.07
1995	24.75	0.69	2005	25.49	-3.87
1996	17.34	6.24	2006	24.44	5.33
1997	7.93	-22.88	2007	24.70	5.33
1998	2.00	-4.63	2008	26.39	-8.19
1999	2.15	0.30	2009	14.57	-3.23
2000	5.00	3.58	2010	30.88	5.12
2001	8.55	7.57	2011	27.71	13.92
2002	9.53	7.73	2012	11.16	-4.13

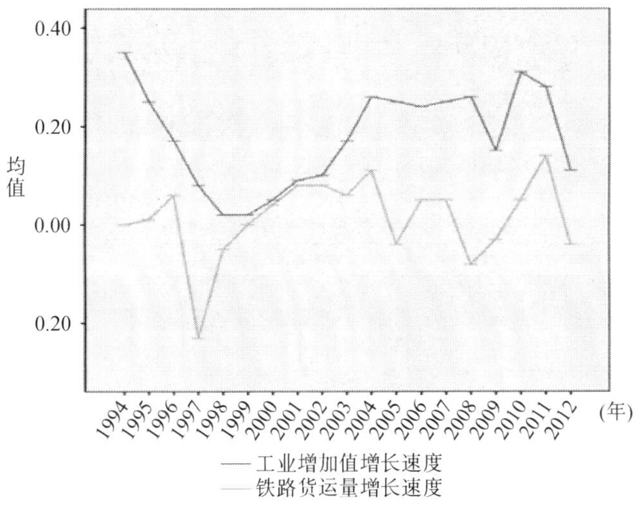

图 5－8 增长速度折线图

如图 5－9 所示，1994—2012 年，大多数年份数据协调性较好，但 1997 年和 1998 年这两年的工业增加值与铁路货运量增长数据出现明显不协调，数据可靠性较低。

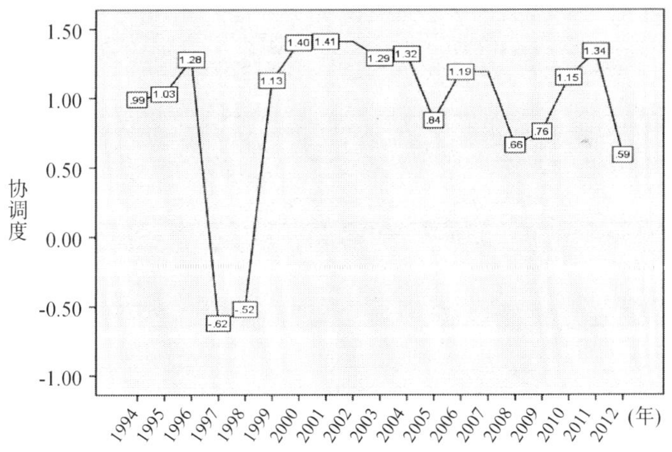

图 5－9 协调度分析

下面我们对工业增加值与铁路货运量之间的耦合关联度进行测算。首先，我们对工业增加值与铁路货运量数据进行标准化处理，结果如表 5－7 所示。

然后由表 5－8 得出 $\Delta(k) = Y(k) - X(k)$；$\Delta\min$ 和 $\Delta\max$，为对应差数列表。

表 5-7 数据标准化处理

年份	工业增加值（Y）	铁路货运量（X2）	年份	工业增加值（Y）	铁路货运量（X2）
1993	0.00	0.45	2003	0.11	0.46
1994	0.02	0.44	2004	0.15	0.69
1995	0.03	0.46	2005	0.20	0.60
1996	0.05	0.59	2006	0.26	0.72
1997	0.06	0.08	2007	0.34	0.84
1998	0.06	0.00	2008	0.44	0.64
1999	0.06	0.00	2009	0.52	0.57
2000	0.07	0.06	2010	0.69	0.68
2001	0.08	0.19	2011	0.89	1.00
2002	0.09	0.33	2012	1.00	0.89

表 5-8 对应差数列表

年份	Y(k) - X1(k)	年份	Y(k) - X1(k)
1993	0.45	2003	0.35
1994	0.42	2004	0.54
1995	0.43	2005	0.40
1996	0.54	2006	0.46
1997	0.02	2007	0.50
1998	0.06	2008	0.20
1999	0.06	2009	0.05
2000	0.01	2010	0.01
2001	0.11	2011	0.11
2002	0.24	2012	0.11
Δmin	0.01	Δmax	0.54

再根据表 5-8 计算关联系数，结果见表 5-9。

表 5-9 关联系数表

年份	$\xi(k)$	年份	$\xi(k)$
1993	0.39	2003	0.45
1994	0.40	2004	0.35
1995	0.40	2005	0.42
1996	0.35	2006	0.39
1997	0.97	2007	0.36
1998	0.85	2008	0.60
1999	0.86	2009	0.89
2000	1.01	2010	0.99
2001	0.73	2011	0.74
2002	0.55	2012	0.74

根据表 5-9 计算可得关联度：

$$\gamma = \frac{1}{k}\sum_{k=1}^{20}\xi(k) = 0.62$$

由此可知，工业增加值与铁路货运量之间的关联度为中等，两个指标间的耦合作用处于中等水平。耦合关联度走势如图 5－10 所示。

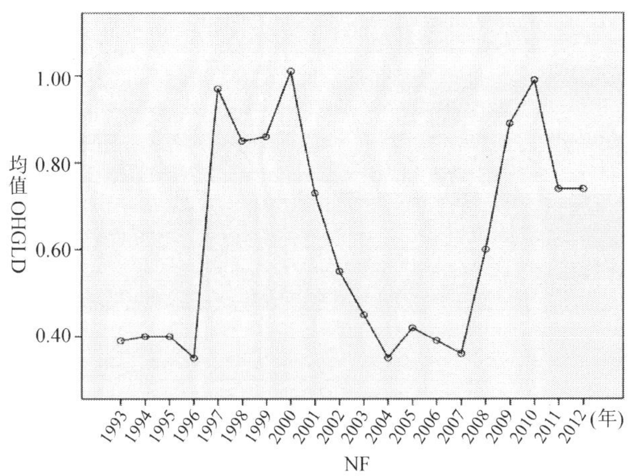

图 5－10　耦合度走势

从图 5－10 可以看出两个指标耦合演变的规律：首先，整体上耦合度波动幅度较大，1996 年后上扬速度大幅增加，2000 年达到最高值，随后耦合度急剧下降，2007 年耦合度再次大幅上扬，2010 年达到最高值随后再次下降。

由此得到结论：1993 年至 1996 年间，2004 年至 2007 年间，工业增加值数据与铁路货运量数据耦合度较低，两个指标的关联性很弱，其数据可靠性值得怀疑。

3. 工业增加值与主营业务收入（见图 5－11）。主营业务收入指企业从事某种主要生产、经营活动所取得的营业收入。贷方登记企业销售商品、提供劳务取得的收入，借方登记销售退回和在期末接转入本年利润的数额。期末结转后无余额。对于工业企业，主营业务收入是指产品销售收入。

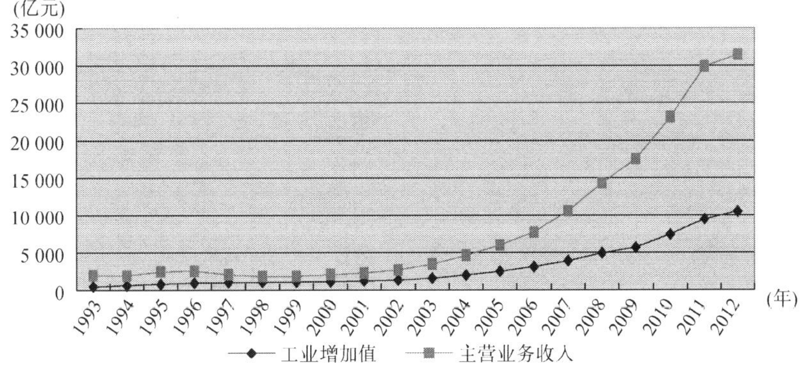

图 5－11　四川省工业增加值与主营业务收入折线图

从图 5－12 可以看出，P 值远小于 0.001，协和系数为 1.000，这说明四川省工业增加值与主营业务收入之间的相关性或一致性较高。

秩

	秩均值
ZJZ	1.00
ZYSR	2.00

检验统计量

N	20
Kendall W[a]	1.000
卡方	20.000
df	1
渐近显著性	0.000

a. Kendall 协同系数

图 5－12　Kendall W 检验结果

由表 5－10 和图 5－13 可以看出，四川省工业增加值与主营业务收入的增长趋势整体上近乎一致。一般情况下，工业增加值变化率与主营业务收入增长率正相关，即主营业务收入变化率提高（或降低），工业增加值增长率也随之提高（或降低）。同时，1999 年至 2011 年间，工业增加值增长率均低于主营业务收入的变化率。

表 5－10　　工业增加值与主营业务收入增长速度

年份	工业增加值增长速度（%）	主营业务收入增长速度（%）	年份	工业增加值增长速度（%）	主营业务收入增长速度（%）
1993	—	—	2003	16.89	29.36
1994	34.85	－0.94	2004	25.51	33.05
1995	24.75	26.55	2005	25.49	29.67
1996	17.34	4.21	2006	24.44	28.35
1997	7.93	－19.42	2007	24.70	37.61
1998	2.00	－11.34	2008	26.39	34.63
1999	2.15	1.95	2009	14.57	22.35
2000	5.00	10.59	2010	30.88	31.94
2001	8.55	10.50	2011	27.71	29.59
2002	9.53	17.51	2012	11.16	5.15

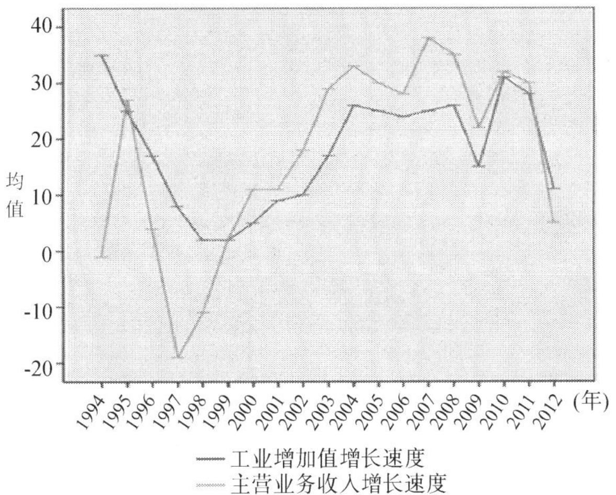

图 5－13　增长速度折线图

如图 5－14 所示，1994—2012 年，大多数年份数据协调性较好，但 1997 年和 1998 年这两年的工业增加值与主营业务收入增长数据出现明显不协调，数据可靠性较低。

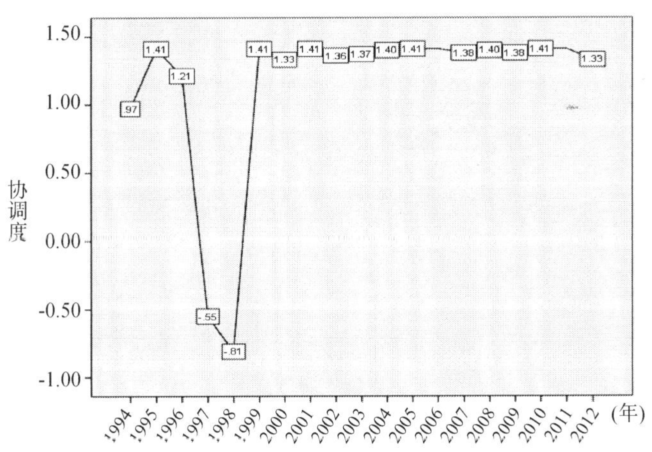

图 5－14　协调度分析

下面我们对工业增加值与主营业务收入之间的耦合关联度进行测算。首先，我们对工业增加值与主营业务收入数据进行标准化处理，结果如表 5－11 所示。

表 5-11 数据标准化处理

年份	工业增加值（Y）	主营业务收入（X3）	年份	工业增加值（Y）	主营业务收入（X3）
1993	0.00	0.00	2003	0.11	0.06
1994	0.02	0.00	2004	0.15	0.09
1995	0.03	0.02	2005	0.20	0.14
1996	0.05	0.02	2006	0.26	0.20
1997	0.06	0.01	2007	0.34	0.30
1998	0.06	0.00	2008	0.44	0.42
1999	0.06	0.00	2009	0.52	0.53
2000	0.07	0.01	2010	0.69	0.72
2001	0.08	0.02	2011	0.89	0.95
2002	0.09	0.03	2012	1.00	1.00

由表 5-11 得出 $\Delta(k)=Y(k)-X(k)$；Δmin 和 Δmax，为对应差数列表（见表 5-12）。

表 5-12 对应差数列表

年份	$Y(k)-X1(k)$	年份	$Y(k)-X1(k)$
1993	0.00	2003	0.05
1994	0.02	2004	0.06
1995	0.01	2005	0.06
1996	0.03	2006	0.06
1997	0.05	2007	0.04
1998	0.06	2008	0.02
1999	0.06	2009	0.01
2000	0.06	2010	0.03
2001	0.06	2011	0.06
2002	0.06	2012	0.00
Δmin	0.00	Δmax	0.06

然后根据表 5-12 计算关联系数，结果见表 5-13。

表 5 - 13　关联系数表

年份	$\xi(k)$	年份	$\xi(k)$
1993	0.87	2003	0.36
1994	0.65	2004	0.35
1995	0.78	2005	0.34
1996	0.54	2006	0.33
1997	0.37	2007	0.41
1998	0.33	2008	0.61
1999	0.34	2009	0.78
2000	0.33	2010	0.52
2001	0.32	2011	0.34
2002	0.33	2012	1.00

根据表 5 - 13 计算可得关联度：

$$\gamma = \frac{1}{k}\sum_{k=1}^{20}\xi(k) = 0.49$$

由此可知，工业增加值与主营业务收入之间的关联度为中等，两个指标间的耦合作用处于中等水平。耦合关联度走势如图 5 - 15 所示。

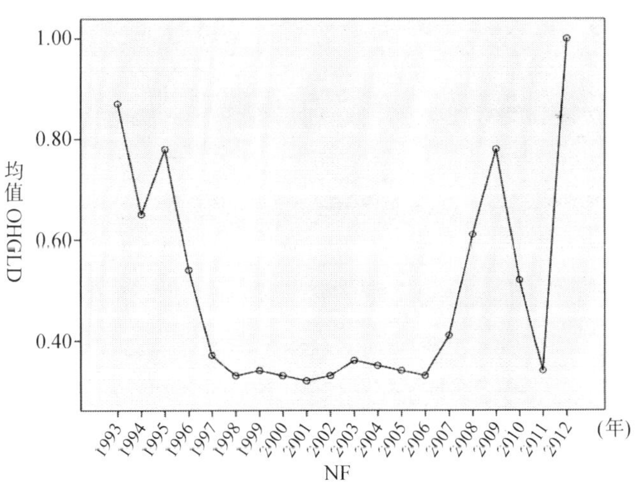

图 5 - 15　耦合度走势

从图 5 - 15 可以看出，整体而言，两个指标耦合度呈现凹形趋势。由此得出结论：1997 年至 2006 年间以及 2011 年工业增加值数据与主营业务收入数据耦合度较低，两个指标间的关联性很弱，其数据可靠性值得怀疑。

（二）工业增加值与工业经济相关指标中异常值检测

1. 各工业经济指标正态性检验

选择以1993—2012年的工业增加值和工业发电量、铁路货运量、主营业务收入为基础，对这四组数据取对数之后是否服从正态分布进行检验。对原始数据取对数后的数据如表5-14所示。

表5-14 各工业经济指标对数处理结果

年份	工业增加值（亿元）	工业发电量（亿千瓦时）	铁路货运量（万吨）	主营业务收入（亿元）
1993	6.205042494	6.154582047	8.889446165	7.585996922
1994	6.504063597	6.263398263	8.885440912	7.576538043
1995	6.725237703	6.356055576	8.89233654	7.811973430
1996	6.885182418	6.426488457	8.952864142	7.853185308
1997	6.961495078	6.198417739	8.692993531	7.637244032
1998	6.981330967	6.164472029	8.645586406	7.516901093
1999	7.00259262	6.095509197	8.648572269	7.536171920
2000	7.051387981	6.215087983	8.683724062	7.636834116
2001	7.133447579	6.451070558	8.756682421	7.736691302
2002	7.224491172	6.544976027	8.831127635	7.898006258
2003	7.380561228	6.744365382	8.892611378	8.155465504
2004	7.607778763	6.840000926	8.997642079	8.441037586
2005	7.834819765	6.926351296	8.958154135	8.700867167
2006	8.053464235	7.111985088	9.01005849	8.950448549
2007	8.274206562	7.141181779	9.061956366	9.269695482
2008	8.508380473	7.135376789	8.976514972	9.567065415
2009	8.644396605	7.364407676	8.943636706	9.768767454
2010	8.913476273	7.492554152	8.993551586	10.045977076
2011	9.158104528	7.591200548	9.123910644	10.305209330
2012	9.263931375	7.673460302	9.081711229	10.355427766

在SPSS统计分析中，正态分布的考察方法有：通过计算偏度系数和峰度系数加以考察；通过绘制直方图、P-P图等图形工具来考察；也可以进行各种假设检验。对正态分布的检验最常用的就是K-S单样本检验。

（1）对工业增加值标准化数据的正态性检验。由直方图 5－16 可以大致看出，四川省 1993—2012 年工业增加值总体上还是服从正态分布的。

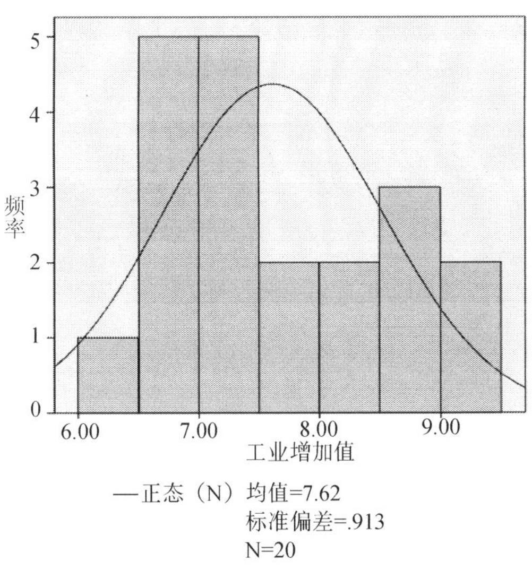

图 5－16　四川省工业增加值直方图

图 5－17 的两个坐标抽分别表示理论累积概率和实际累计概率，从中可以看出，数据点和理论直线基本重合。图 5－18 是趋降 Q－Q 图，该图反映的是按正态分布计算的理论值和实际值之差的分布情况，即分布的残差图。可以看出，如果考虑测量误差和统计误差等不可消除的误差影响因素，正态性假设还是可以接受的，也就是说，样本数据来源总体还是大致服从正态分布的。

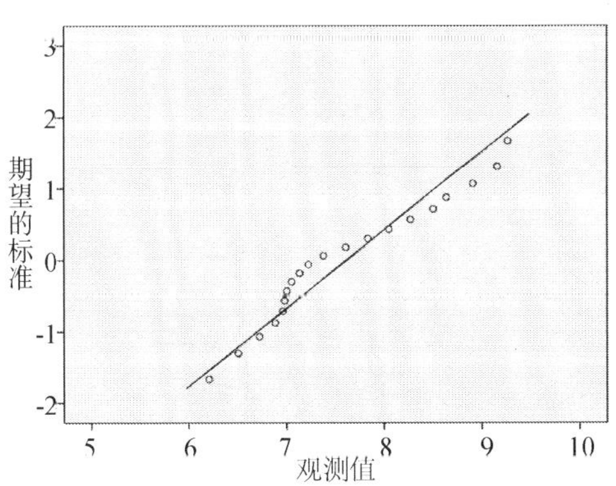

图 5－17　工业增加值的标准 Q－Q 图

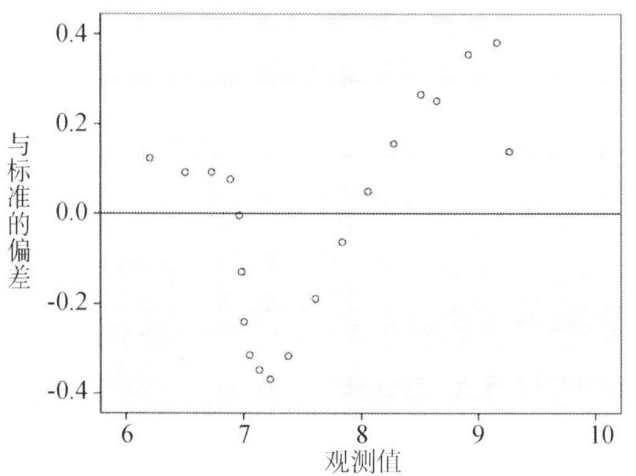

图 5－18　工业增加值的趋降标准 Q－Q 图

（2）对铁路货运量标准化数据的正态性检验。图 5－19、图 5－20 和图 5－21 显示，如果考虑测量误差和统计误差等不可消除的误差影响因素，四川省 1993—2012 年的铁路货运量数据总体上大致服从正态分布。

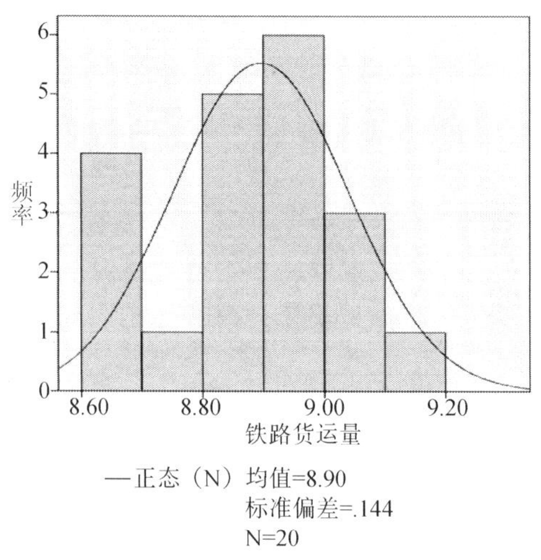

图 5－19　铁路货运量的直方图

最终，工业增加值和铁路货运量通过了正态性检验，其余两个指标未能通过检验，故我们结合工业增加值和铁路货运量这两个指标进行异常值分析。

2. 对工业增加值和铁路货运量异常值的检测。从图 5－15 可以看到，工业增加值的极大值和极小值分别为 10 550. 53、495. 24，铁路货运量的极大值和极小值分别为 9 172. 00、5 685. 00，从已有的关于工业增加值和铁路货运量

表 5－15 描述性分析

	N	极小值	极大值	均值	标准差
工业增加值	20	495.24	10 550.53	3 065.2060	3 029.74666
铁路货运量	20	5 685.00	9 172.00	7 373.3500	1 032.57192
有效的N（列表状态）	20				

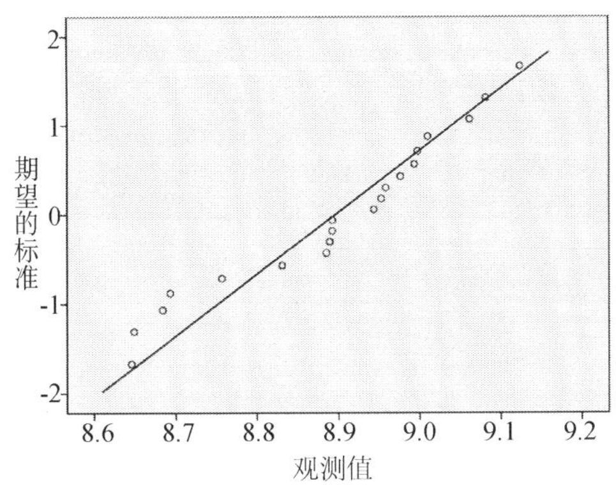

图 5－20 四川省铁路货运量的标准 Q－Q 图

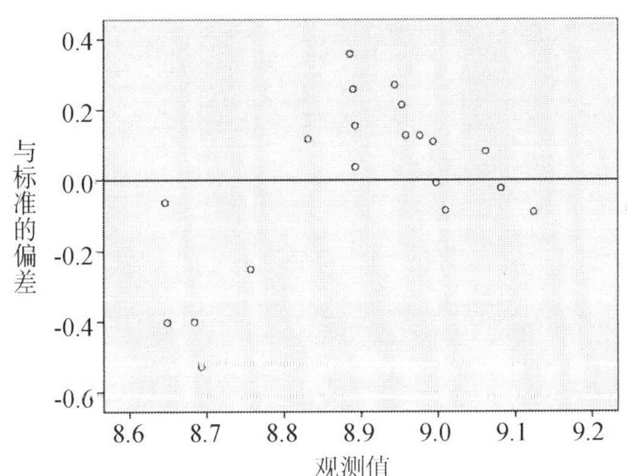

图 5－21 铁路货运量的趋降标准 Q－Q 图

的关系研究来看，它们存在相关关系，工业增加值和铁路货运量保持同比增长速度，它们的标准差相差不大。

从图 5－22 和图 5－23 可知，工业增加值仅出现了一个异常值，为 2012 年的数据，铁路货运量则没有出现异常值。这说明在这 20 年间，四川省工业增加值和铁路货运量数据整体上还是比较可靠的。

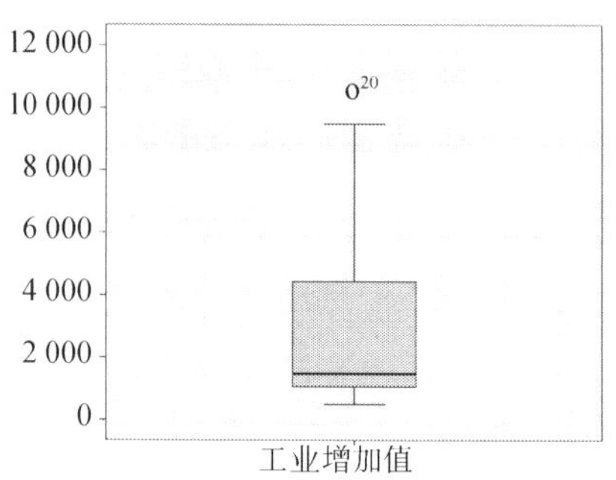

图 5－22　四川省工业增加值箱线图

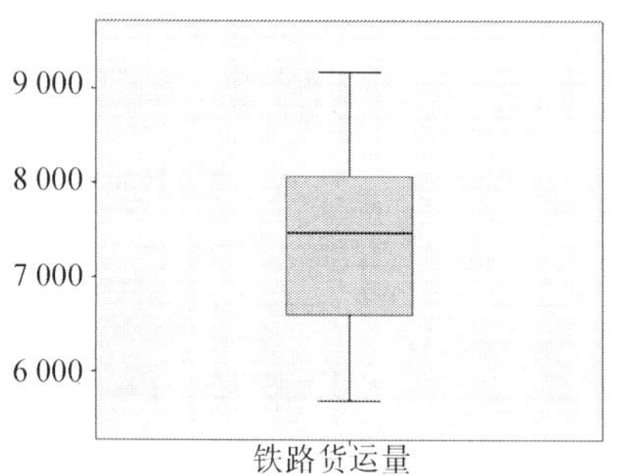

图 5－23　四川省铁路货运量箱线图

二、面板维度的协调性检验

（一）基于调整系数法的实证评估

本部分选取四川省季度工业增加值（现价）及其增长速度（可比价）进行实证评估，具体以四川省 2014 年第一季度的相关数据为例进行评估。经过测算、对比和研究，基于科学性与可行性相结合原则，我们选取与工业增加值指标高度相关的工业增值税和全社会工业用电量两项指标作为评判指标；根据与工业增加值指标相关程度，工业增值税、全社会工业用电量指标权重分别设定为 0.6、0.4。

1. 计算各市、州工业增加值增速折算系数（K）。首先将全省及各市、州工业增值税（X）、全社会工业用电量（Y）两项指标发展速度进行加权计算，然后将各市、州的加权发展速度除以全省的加权发展速度，得出各市、州工业增加值增速折算系数。公式为：

$$K_{市、州}=\frac{X_{市、州}\times 0.6+Y_{市、州}\times 0.4}{X_{全省}\times 0.6+Y_{全省}\times 0.4}$$

计算结果如表5-16所示。

表5-16　　折算系数（K）计算结果

市、州	工业增值税发展速度	全社会工业用电量发展速度	加权值	折算系数（K）
全省	105.5	99.0	102.9031	—
成都市	115.5	104.6	111.1332	1.0800
自贡市	73.9	78.0	75.52826	0.7340
攀枝花市	95.4	100.8	97.56918	0.9482
泸州市	58.9	105.4	77.49691	0.7531
德阳市	94.8	110.9	101.2238	0.9837
绵阳市	100.4	97.2	99.12086	0.9632
广元市	88.1	94.4	90.6117	0.8806
遂宁市	77.1	94.5	84.07159	0.8170
内江市	71.2	97.4	81.69458	0.7939
乐山市	88.9	86.1	87.76544	0.8529
南充市	82.8	83.4	83.03169	0.8069
眉山市	98.4	103.3	100.3427	0.9751
宜宾市	127.7	98.7	116.0898	1.1281
广安市	164.3	106.1	141.0304	1.3705
达州市	122.1	108.2	116.5483	1.1326
雅安市	121.7	97.7	112.0974	1.0893
巴中市	79.3	103.2	88.8752	0.8637
资阳市	110.1	105.9	108.4114	1.0535
阿坝州	94.7	101.9	97.57162	0.9482
甘孜州	92.2	138.3	110.6239	1.0750
凉山州	146.1	105.7	129.9295	1.2626

2. 计算各市、州工业增加值增速初始值（A）。将各市、州工业增加值增速折算系数（K）分别乘以经国家统计局工业处评估认定反馈给四川省的2014年第一季度工业增加值增速（T），得到各市、州工业增加值增速初始值（A）。增加值增速初始值（A）计算公式为：

$$A_{市、州}=K_{市、州}\times T_{全省}$$

计算结果如表5－17所示。

表5－17 增加值增速初始值（A）计算结果

市、州	折算系数（K）	工业增加值增速原始值（A）
全　省	—	—
成都市	1.0800	9.9
自贡市	0.7340	6.8
攀枝花市	0.9482	8.7
泸州市	0.7531	6.9
德阳市	0.9837	9.0
绵阳市	0.9632	8.9
广元市	0.8806	8.1
遂宁市	0.8170	7.5
内江市	0.7939	7.3
乐山市	0.8529	7.8
南充市	0.8069	7.4
眉山市	0.9751	9.0
宜宾市	1.1281	10.4
广安市	1.3705	12.6
达州市	1.1326	10.4
雅安市	1.0893	10.0
巴中市	0.8637	7.9
资阳市	1.0535	9.7
阿坝州	0.9482	8.7
甘孜州	1.0750	9.9
凉山州	1.2626	11.6

3. 通过构建调整系数（P）计算确定各市、州工业增加值增速最终值（B）。为消除各市、州工业增加值增速极差过大现象，采用各市、州 GDP 发展速度（C）与全省 GDP 发展速度（D）的比值作为调整系数（P）；调整系数（P）的计算公式为：

$$P_{市、州} = C_{市、州} \div D_{全省}$$

将各地工业增加值增速初始值（A）乘以各地的调整系数（P），便得到各市州工业增加值增速最终值（B）。增加值增速最终值（B）的计算公式为：

$$B_{市、州} = A_{市、州} \times P_{市、州}$$

计算结果如表5-18所示。

表5-18　　　　增加值增速最终值（B）计算结果

市、州	调整系数（K）	工业增加值增速最终值（B）
全　省	—	—
成都市	0.9630	9.6
自贡市	1.0494	7.1
攀枝花市	1.0123	8.8
泸州市	1.3951	9.7
德阳市	1.0741	9.7
绵阳市	1.0000	8.9
广元市	1.0370	8.4
遂宁市	1.0617	8.0
内江市	1.2222	8.9
乐山市	0.7531	5.9
南充市	0.9259	6.9
眉山市	1.3580	12.2
宜宾市	0.0617	0.6
广安市	1.1728	14.8
达州市	1.1358	11.8
雅安市	1.1111	11.1
巴中市	0.9877	7.8
资阳市	1.3827	13.4
阿坝州	0.0741	0.6
甘孜州	0.0247	0.2
凉山州	1.2099	14.1

4. 数据可靠性评估。为了分析四川省各市州2014年第一季度的工业增加值增速数据是否可靠，我们可以计算一个相对误差D，公式表示为：

$$D = \frac{B - I}{B}$$

其中，B为经过调整系数法计算得到的工业增加值增速最终值，I为公布的工业增加值增速实际值。

计算结果如表5－19所示。

表5－19　　相对误差系数计算结果

市、州	工业增加值增速最终值 B	工业增加值增速实际值 I	相对误差 $\|D\|$ (%)
成都市	9.6	11.2	16.7
自贡市	7.1	8.9	25.4
攀枝花市	8.8	9.2	4.5
泸州市	9.7	12.9	33.0
德阳市	9.7	10.7	10.3
绵阳市	8.9	8.5	4.5
广元市	8.4	9.3	10.7
遂宁市	8.0	10.2	27.5
内江市	8.9	12.8	43.8
乐山市	5.9	5.3	10.2
南充市	6.9	5.1	26.1
眉山市	12.2	12.2	0.0
宜宾市	0.6	－6.4	1 166.7
广安市	14.8	8.1	45.3
达州市	11.8	9.3	21.2
雅安市	11.1	10.6	4.5
巴中市	7.8	－0.4	105.1
资阳市	13.4	13.0	3.0
阿坝州	0.6	1.1	83.3
甘孜州	0.2	－23.1	11 650.0
凉山州	14.1	13.2	6.4

表5－19显示，基于调整系数法，宜宾市、巴中市和甘孜州2014年第一季度工业增加值增速数据的相对误差较大，但该方法没有考虑历史数据的影响，故下面我们针对2014年第一季度四川省各市、州工业增加值增速，采用综合评分方法进行实证评估，将两种评估方法进行比较，选取更为完善的一种评估方法，以期获得更为可靠的评估结果。

（二）基于综合评分方法的实证评估

综合评估方法中我们设定的判别指标包括：工业增值税、全社会工业用电量、规模以上工业企业综合能耗、货运总量和主营业务收入。具体操作如下：

设 y_i 是第 i 个市、州 y 指标的工业增加值发展速度，x_i 是判别指标 x 的发展速度，发展速度比率 $z_i = y_i/x_i$。四川省 21 个市、州构成一个样本，构建一个检验统计量：

$$F_i = \frac{z_i - \bar{z}}{\delta}$$

其中，$\bar{z}$ 为分布的均值（具体计算时，不能直接利用这 21 个样本数据计算平均值，而是采用统计局公布的当期全省数作为平均值），δ 为分布的标准差。

接下来，我们需要分别计算各市、州的 F 值。事实上，$z_i = y_i/x_i$ 计算较为简单，分布的均值 $\bar{z}$ 也易于得到，关键是分布的标准差 δ 计算较为复杂。

第一步，计算标准差 δ。

（1）按规模大小分组。为了减少异方差的影响，我们需按照工业增加值绝对额占全省的比重，将全省 21 个市、州分为规模较大地区和规模较小地区，分为两组分别计算标准差，大组市、州采用大组标准差，小组市、州采用小组标准差。具体分组时，根据规模占比排序，将前 40% 的市、州作为规模较大组，余下的 60% 作为规模较小组。

（2）相关系数甄别。根据工业增加值和判别指标的历史季度数据，计算两个指标数据间的相关系数，并计算其平均值，将该平均值作为历史数据稳定相关系数 ρ_0。若 2014 年第一季度的相关系数 $\rho \geqslant \rho_0$，则可以直接计算标准差；若 $\rho \leqslant \rho_0$，则逐一剔除 2014 年第一季度的异常地区，使 $\rho \geqslant \rho_0$，然后利用剩余地区计算标准差。

（3）标准差计算。相关系数甄别后，选取相关系数较大的 4 期历史数据，分别计算其标准差，再取这 4 期的均值作为历史标准差，之后计算 2014 年第一季度的标准差作为当期标准差，最后将历史标准差和当期标准差按照 3/4 和 1/4 的权数进行加权，获得最终的标准差（包含大组标准差和小组标准差）。

第二步，计算最后得分。

计算出标准差后便可计算出统计量 F_i 的值。我们根据 F_i 值计算标准正态分布的累计概率 p，根据累计概率代入预先设定好的分数转换公式便可计算得到最后得分（见表 5-20 至表 5-24）。

$$Score = \begin{cases} 10 \times \sqrt{(1-p) \times 200}, & p > 0.5 \\ 100, & p \leqslant 0.5 \end{cases}$$

表 5－20 工业增值税得分计算

规模分组	市、州	发展速度比率	检验统计量	P	1－P	得分
	全　省	1.0351				
2	成都市	0.9628	－0.24	0.404	0.596	100
1	自贡市	1.4736	1.37	0.915	0.085	41
2	攀枝花市	1.1447	0.37	0.643	0.357	84
2	泸州市	1.9168	2.95	0.998	0.002	6
2	德阳市	1.1677	0.44	0.671	0.329	81
2	绵阳市	1.0807	0.15	0.561	0.439	94
1	广元市	1.2406	0.64	0.740	0.260	72
1	遂宁市	1.4293	1.23	0.891	0.109	47
2	内江市	1.5843	1.84	0.967	0.033	26
2	乐山市	1.1845	0.50	0.691	0.309	79
1	南充市	1.2693	0.73	0.768	0.232	68
1	眉山市	1.1402	0.33	0.629	0.371	86
2	宜宾市	0.7330	－1.01	0.156	0.844	100
1	广安市	0.6579	－1.18	0.119	0.881	100
1	达州市	0.8952	－0.44	0.331	0.669	100
1	雅安市	0.9088	－0.39	0.347	0.653	100
1	巴中市	1.2560	0.69	0.755	0.245	70
2	资阳市	1.0263	－0.03	0.488	0.512	100
1	阿坝州	1.0676	0.10	0.540	0.460	96
1	甘孜州	0.8341	－0.63	0.265	0.735	100
2	凉山州	0.7748	－0.87	0.192	0.808	100

表 5－21 工业用电量得分计算

规模分组	市、州	发展速度比率	检验统计量	P	1－P	得分
	全　省	1.1029				
2	成都市	1.0633	－0.14	0.445	0.555	100
1	自贡市	1.3967	1.08	0.861	0.139	53
2	攀枝花市	1.0831	－0.07	0.472	0.528	100
2	泸州市	1.0712	－0.11	0.456	0.544	100
2	德阳市	0.9986	－0.37	0.357	0.643	100
2	绵阳市	1.1162	0.05	0.519	0.481	98

续表

规模分组	市、州	发展速度比率	检验统计量	P	1－P	得分
	全　省	1.1029				
1	广元市	1.1581	0.20	0.581	0.419	92
1	遂宁市	1.1658	0.23	0.592	0.408	90
2	内江市	1.1577	0.19	0.576	0.424	92
2	乐山市	1.2235	0.42	0.664	0.336	82
1	南充市	1.2605	0.58	0.720	0.280	75
1	眉山市	1.0866	－0.06	0.476	0.524	100
2	宜宾市	0.9486	－0.54	0.294	0.706	100
1	广安市	1.0186	－0.31	0.378	0.622	100
1	达州市	1.0100	－0.34	0.366	0.634	100
1	雅安市	1.1321	0.11	0.543	0.457	96
1	巴中市	0.9648	－0.51	0.305	0.695	100
2	资阳市	1.0673	－0.12	0.450	0.550	100
1	阿坝州	0.9924	－0.41	0.342	0.658	100
1	甘孜州	0.5562	－2.02	0.022	0.978	100
2	凉山州	1.0712	－0.11	0.456	0.544	100

表 5－22　　规模以上工业企业综合能耗得分计算

规模分组	市、州	发展速度比率	检验统计量	P	1－P	得分
	全　省	1.1029				
2	成都市	0.8518	－1.17	0.121	0.879	100
1	自贡市	1.2595	1.74	0.959	0.041	29
2	攀枝花市	1.1001	0.25	0.597	0.403	90
2	泸州市	1.2011	0.82	0.794	0.206	64
2	德阳市	1.0542	－0.02	0.493	0.507	100
2	绵阳市	1.0857	0.16	0.565	0.435	93
1	广元市	1.0754	0.16	0.562	0.438	94
1	遂宁市	1.1484	0.78	0.783	0.217	66
2	内江市	1.0145	－0.24	0.404	0.596	100
2	乐山市	1.1842	0.72	0.766	0.234	68
1	南充市	1.1302	0.63	0.735	0.265	73
1	眉山市	1.1675	0.95	0.828	0.172	59

续表

规模分组	市、州	发展速度比率	检验统计量	P	1 - P	得分
	全　省	1.1029				
2	宜宾市	0.9529	-0.59	0.276	0.724	100
1	广安市	0.9997	-0.49	0.311	0.689	100
1	达州市	1.1125	0.47	0.683	0.317	80
1	雅安市	1.0745	0.15	0.559	0.441	94
1	巴中市	1.0391	-0.15	0.439	0.561	100
2	资阳市	1.1274	0.40	0.656	0.344	83
1	阿坝州	0.9990	-0.50	0.309	0.691	100
1	甘孜州	0.9019	-1.33	0.092	0.908	100
2	凉山州	0.6736	-2.19	0.014	0.986	100

表 5 - 23　　货运总量得分计算

规模分组	市、州	发展速度比率	检验统计量	P	1 - P	得分
	全　省	1.1393				
2	成都市	1.1251	-0.06	0.477	0.523	100
1	自贡市	1.2668	0.50	0.692	0.308	78
2	攀枝花市	1.3855	0.99	0.839	0.161	57
2	泸州市	1.0138	-0.51	0.307	0.693	100
2	德阳市	1.2659	0.51	0.695	0.305	78
2	绵阳市	0.9698	-0.68	0.247	0.753	100
1	广元市	1.0398	-0.39	0.348	0.652	100
1	遂宁市	1.1229	-0.06	0.474	0.526	100
2	内江市	0.9145	-0.91	0.183	0.817	100
2	乐山市	1.0952	-0.18	0.430	0.570	100
1	南充市	1.0259	-0.45	0.328	0.672	100
1	眉山市	1.0619	-0.30	0.380	0.620	100
2	宜宾市	1.0126	-0.51	0.305	0.695	100
1	广安市	1.0556	-0.33	0.371	0.629	100
1	达州市	1.2153	0.30	0.618	0.382	87
1	雅安市	1.1242	-0.06	0.476	0.524	100
1	巴中市	0.9473	-0.76	0.225	0.775	100
2	资阳市	1.1439	0.02	0.507	0.493	99

续表

规模分组	市、州	发展速度比率	检验统计量	P	1 - P	得分
	全　省	1.1393				
1	阿坝州	0.9718	-0.66	0.255	0.745	100
1	甘孜州	0.7437	-1.56	0.060	0.940	100
2	凉山州	1.2302	0.37	0.643	0.357	85

表 5-24　　主营业务收入得分计算

规模分组	市、州	发展速度比率	检验统计量	P	1 - P	得分
	全　省	1.0083				
2	成都市	1.0018	-0.04	0.482	0.518	100
1	自贡市	0.9784	-0.21	0.418	0.582	100
2	攀枝花市	1.0530	0.31	0.620	0.380	87
2	泸州市	1.0180	0.07	0.526	0.474	97
2	德阳市	1.0110	0.02	0.507	0.493	99
2	绵阳市	1.0265	0.12	0.549	0.451	95
1	广元市	1.0390	0.21	0.584	0.416	91
1	遂宁市	0.9616	-0.32	0.373	0.627	100
2	内江市	0.9877	-0.14	0.444	0.556	100
2	乐山市	1.0415	0.23	0.590	0.410	91
1	南充市	1.0489	0.28	0.611	0.389	88
1	眉山市	1.0036	-0.03	0.487	0.513	100
2	宜宾市	0.9323	-0.52	0.302	0.698	100
1	广安市	1.0276	0.13	0.553	0.447	95
1	达州市	0.9964	-0.08	0.467	0.533	100
1	雅安市	1.0553	0.33	0.628	0.372	86
1	巴中市	0.9432	-0.45	0.326	0.674	100
2	资阳市	0.9666	-0.28	0.388	0.612	100
1	阿坝州	1.1013	0.64	0.740	0.260	72
1	甘孜州	0.9809	-0.19	0.425	0.575	100
2	凉山州	1.0071	-0.01	0.497	0.503	100

计算出各市、州工业增加值增速与判别指标的最后得分后，按照各自1/5的权数进行加权，计算得到工业增加值增速的综合得分（见表5-25、表5-26）。

表 5-25 2014 年第一季度各市、州工业增加值及判别指标增长率

市、州	工业增加值增长率（%）	判别指标增长率（%）				
		工业用电量	规上工业企业综合能耗	工业增值税	货运总量	主营业务收入
全省	9.2	-1	3.3	5.5	-4.1	8.3
成都市	11.2	4.6	30.6	15.5	-1.2	11
自贡市	8.9	-22	-13.5	-26.1	-14	11.3
攀枝花市	9.2	0.8	-0.7	-4.6	-21.2	3.7
泸州市	12.9	5.4	-6	-41.1	11.4	10.9
德阳市	10.7	10.9	5	-5.2	-12.5	9.5
绵阳市	8.5	-2.8	-0.1	0.4	11.9	5.7
广元市	9.3	-5.6	1.6	-11.9	5.1	5.2
遂宁市	10.2	-5.5	-4	-22.9	-1.9	14.6
内江市	12.8	-2.6	11.2	-28.8	23.3	14.2
乐山市	5.3	-13.9	-11.1	-11.1	-3.9	1.1
南充市	5.1	-16.6	-7	-17.2	2.4	0.2
眉山市	12.2	3.3	-3.9	-1.6	5.7	11.8
宜宾市	-6.4	-1.3	-1.8	27.7	-7.6	0.4
广安市	8.1	6.1	8.1	64.3	2.4	5.2
达州市	9.3	8.2	-1.8	22.1	-10.1	9.7
雅安市	10.6	-2.3	2.9	21.7	-1.6	4.8
巴中市	-0.4	3.2	-4.2	-20.7	5.1	5.6
资阳市	13	5.9	0.2	10.1	-1.2	16.9
阿坝州	1.1	1.9	1.2	-5.3	4	-8.2
甘孜州	-23.1	38.3	-14.7	-7.8	3.4	-21.6
凉山州	13.2	5.7	68.1	46.1	-8	12.4

表 5-26 2014 年第一季度各市州工业增加值协调性评估结果

市、州	判别值					得分	排名
	工业用电量	规上工业企业综合能耗	工业增值税	货运总量	主营业务收入		
成都市	-0.14	-1.17	-0.24	-0.06	-0.04	100	1
自贡市	1.08	1.74	1.37	0.5	-0.21	60.2	21
攀枝花市	-0.07	0.25	0.37	0.99	0.31	83.6	16

续表

市、州	判别值					得分	排名
	工业用电量	规上工业企业综合能耗	工业增值税	货运总量	主营业务收入		
泸州市	-0.11	0.82	2.95	-0.51	0.07	73.4	20
德阳市	-0.37	-0.02	0.44	0.51	0.02	91.7	12
绵阳市	0.05	0.16	0.15	-0.68	0.12	96	7
广元市	0.2	0.16	0.64	-0.39	0.21	89.7	13
遂宁市	0.23	0.78	1.23	-0.06	-0.32	80.6	19
内江市	0.19	-0.24	1.84	-0.91	-0.14	83.6	16
乐山市	0.42	0.72	0.5	-0.18	0.23	83.9	15
南充市	0.58	0.63	0.73	-0.45	0.28	80.8	18
眉山市	-0.06	0.95	0.33	-0.3	-0.03	89	14
宜宾市	-0.54	-0.59	-1.01	-0.51	-0.52	100	1
广安市	-0.31	-0.49	-1.18	-0.33	0.13	98.9	4
达州市	-0.34	0.47	-0.44	0.3	-0.08	93.4	11
雅安市	0.11	0.15	-0.39	-0.06	0.33	95.2	8
巴中市	-0.51	-0.15	0.69	-0.76	-0.45	94	9
资阳市	-0.12	0.4	-0.03	0.02	-0.28	96.4	6
阿坝州	-0.41	-0.5	0.1	-0.66	0.64	93.6	10
甘孜州	-2.02	-1.33	-0.63	-1.56	-0.19	100	1
凉山州	-0.11	-2.19	-0.87	0.37	-0.01	96.9	5

表5-26显示，甘孜州得分最高，工业增加值增速数据可靠性相对较高，泸州市排在最后一位，数据可靠性相对较低。

以60分为及格线，即将其视为质量较为可靠的标准，则四川省21市、州2014年第一季度工业增加值增速数据可靠性均合格。其中，60—70分的仅有自贡市，70—80分的仅有泸州市，80—90分的共7个市、州，90分以上的共12个市、州。就综合评分方法来评判，四川省该季度工业增加值增速数据可靠性整体较高。

宜宾、甘孜州的评估结果排在第一位，巴中排在第九位，这与前面采用调整系数法得到的评估结果有较大出入。事实上，在调整系数法评估过程中，评估结果受当期经济突发状况的影响较大，导致评估质量相对不可靠。综合评分方法由于考虑了历史数据的发展态势，评估结果相对可靠。这就表明，在实际评估工作中，应同时采用调整系数法和综合评分方法进行评估，将两种评估结果进行对比分析，以此选取更为可靠的评估结果。

（三）基于渐进稳定假设的可靠性实证评估

1. 评估数据相关说明。数据选取包括各个维度与属性，在基于渐进稳定假设的地区工业增加值数据可靠性实证评估过程中，主要包括数据频率、时间两个维度。评估数据通常与数据频率有极大的关系，从数据的公布频率来看，有月度、季度和年度不同频率之分。一般而言，数据频率越高，其反映经济运行情况的灵敏程度就越高，可靠性也就更为关键；同时，高频率数据也是低频率数据获取的基础。

基于此，本部分选取地区工业增加值月度数据进行数据可靠性实证评估。同时考虑到相关数据的可得性，参与实证评估的数据的时间范围为从 2008 年 1 月至 2012 年 5 月共计 53 个月的数据。数据评估对象为四川省工业增加值。2010 年开始，四川省统计局公布的为工业增加值同比增长速度指标，没有公开的月度指标，所以在数据整理过程中，本书 2010 年 1 月以后的月度工业增加值数据是利用同比增长速度经过相关推算得到的。所有数据主要源自四川统计信息网，部分源自四川省经济社会发展统计数据库。

2. 数据特征与模型选择。基于时序数据进行数据可靠性评估的基本思路是根据数据特征，拟合合适的时间序列模型，然后通过拟合模型对数据进行预测，再利用预测值与实际值的对比，获得相对误差率进行数据可靠性评估。

工业增加值的渐进稳定性是从时间维度考察其数据可靠性的，故数据类型为时间序列数据，评估的方法采用拟合时间序列模型进行实证评估，而时间序列模型的选择往往需要根据数据的特征进行选择，基于此，利用 Eviews7.0 软件将原始数据通过图形显示，如图 5－24 所示。

从时间序列图可以看出，四川省月度工业增加值时序数据具有明显的季节效应，在每一年度的 1 月或者 2 月较低，而较高值在每年的 6 月和 12 月，因此可以剔除季节效应以后再建立相应的模型进行数据可靠性评估。在比较一些常用方法以后，发现利用移动平均比率法剔除季节效应的效果最好，故采用该方法剔除季节效应。具体步骤如下：

第一步，计算季节指数。季节指数刻画了序列在一个年度内各月或各季度的典型季节特征。在乘法模型中，季节指数是以其平均数等于 100% 为条件而构成的，它反映了某一月或季度的数值占全年平均数值的大小。如果现象的

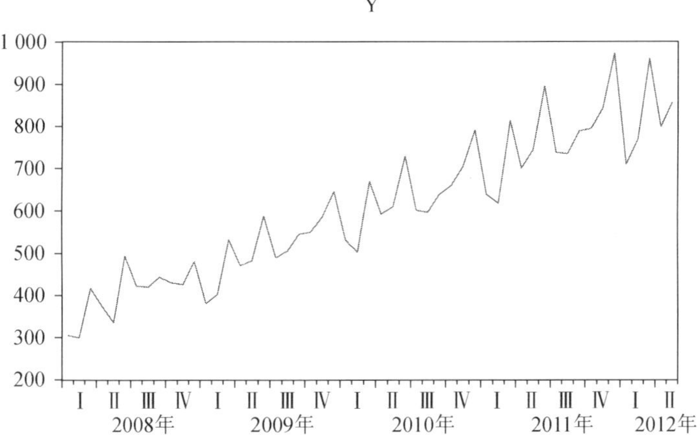

图 5－24　四川省月度工业增加值走势

发展没有季节变动，则各期的季节指数应等于100%；如果某一月或季度有明显的季节变动，则各期的季节数应大于或小于100%。因此，季节变动的程度是根据各季节指数与其平均数（100%）的偏差程度来测定。

季节指数的计算方法有多种，这里我们采用移动平均趋势剔除法（见表5－27）。

表 5－27　　移动平均法计算结果

年/月份	时间标号 t	工业增加值 Y（亿元）	中心移动平均值 CMA	比值 Y/CMA
2008 年 1 月	1	305	—	—
2008 年 2 月	2	299. 3	—	—
2008 年 3 月	3	416. 2	—	—
2008 年 4 月	4	373. 7	—	—
2008 年 5 月	5	335. 3	—	—
2008 年 6 月	6	494. 2	—	—
2008 年 7 月	7	422. 2	406. 8	1. 0378
2008 年 8 月	8	419. 3	414. 3	1. 0121
2008 年 9 月	9	442. 8	423. 4	1. 0458
2008 年 10 月	10	429. 9	432. 3	0. 9944
2008 年 11 月	11	425. 3	442. 5	0. 9612
2008 年 12 月	12	481. 1	452. 5	1. 0632
2009 年 1 月	13	380. 4	459. 2	0. 8283
2009 年 2 月	14	402. 4	465. 7	0. 8641
2009 年 3 月	15	532. 7	473. 6	1. 1249
2009 年 4 月	16	470. 3	482. 8	0. 9740
2009 年 5 月	17	482. 7	494. 5	0. 9761

续表

年/月份	时间标号 t	工业增加值 Y (亿元)	中心移动平均值 CMA	比值 Y/CMA
2009 年 6 月	18	587.9	508.0	1.1572
2009 年 7 月	19	490.1	521.2	0.9403
2009 年 8 月	20	505.8	531.7	0.9513
2009 年 9 月	21	545.3	541.5	1.0070
2009 年 10 月	22	550.1	552.3	0.9960
2009 年 11 月	23	585.2	562.7	1.0400
2009 年 12 月	24	645.9	573.9	1.1254
2010 年 1 月	25	531.5	584.4	0.9094
2010 年 2 月	26	502.6	592.9	0.8478
2010 年 3 月	27	669.1	600.6	1.1141
2010 年 4 月	28	592.1	609.0	0.9722
2010 年 5 月	29	610.6	618.6	0.9871
2010 年 6 月	30	729.6	629.6	1.1589
2010 年 7 月	31	600.9	640.1	0.9388
2010 年 8 月	32	596.8	649.3	0.9191
2010 年 9 月	33	639.1	660.2	0.9681
2010 年 10 月	34	659.6	670.8	0.9834
2010 年 11 月	35	704.6	680.8	1.0349
2010 年 12 月	36	791.2	693.3	1.1411
2011 年 1 月	37	638.3	706.0	0.9041
2011 年 2 月	38	617.7	717.4	0.8610
2011 年 3 月	39	814.3	729.4	1.1164
2011 年 4 月	40	700.5	741.2	0.9450
2011 年 5 月	41	744.3	752.6	0.9889
2011 年 6 月	42	895.9	766.1	1.1695
2011 年 7 月	43	737.9	776.7	0.9501
2011 年 8 月	44	734.7	785.9	0.9348
2011 年 9 月	45	788.6	798.4	0.9878
2011 年 10 月	46	794.1	808.6	0.9820
2011 年 11 月	47	843.4	817.4	1.0318
2011 年 12 月	48	974.8	—	—
2012 年 1 月	49	709.3	—	—
2012 年 2 月	50	769.0	—	—
2012 年 3 月	51	961.6	—	—
2012 年 4 月	52	799.2	—	—
2012 年 5 月	53	856.7	—	—

为计算各比值的平均值和季节指数，需要将表 5－27 中的比值再按月份重新排列，结果如表 5－28 所示：

表 5-28 Y/CMA

时间	1月	2月	3月	4月	5月	6月
2008	—	—	—	—	—	—
2009	0.8283	0.8641	1.1249	0.9740	0.9761	1.1572
2010	0.9094	0.8478	1.1141	0.9722	0.9871	1.1589
2011	0.9041	0.8610	1.1164	0.9450	0.9889	1.1695
2012	—	—	—	—	—	—
合计	2.6419	2.5729	3.3554	2.8913	2.9522	3.4856
平均	0.8806	0.8576	1.1185	0.9638	0.9841	1.1619
季节指数	0.8818	0.8588	1.1200	0.9650	0.9854	1.1634
时间	7月	8月	9月	10月	11月	12月
2008	1.0378	1.0121	1.0458	0.9944	0.9612	1.0632
2009	0.9403	0.9513	1.0070	0.9960	1.0400	1.1254
2010	0.9388	0.9191	0.9681	0.9834	1.0349	1.1411
2011	0.9501	0.9348	0.9878	0.9820	1.0318	—
2012	—	—	—	—	—	—
合计	3.8670	3.8174	4.0086	3.9559	4.0679	3.3297
平均	0.9667	0.9543	1.0021	0.9890	1.0170	1.1099
季节指数	0.9680	0.9556	1.0035	0.9903	1.0183	1.1114

为反映四川省地区工业增加值的季节效应，可以将季节指数绘制成折线图，如图 5-25 所示。

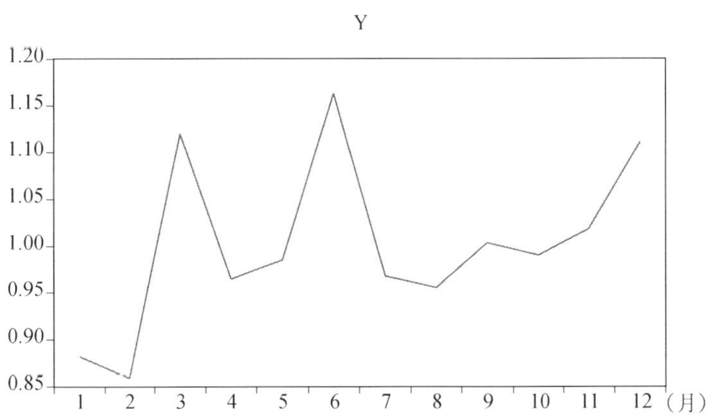

图 5-25 四川省地区工业增加值季节效应折线图

从图 5 - 25 可以再次看出，工业增加值在每一年度的 1 月或者 2 月较低，而在每年的 3 月、6 月和 12 月较高。

第二步，分离季节成分。计算出季节指数后，就可将各实际观察值分别除以相应的季节指数，将季节成分从时间序列中分离出去。用公式表示即为：

$$\frac{Y}{S}=\frac{T\times S\times I}{S}=T\times I$$

结果为季节成分分离后的序列。剔除季节指数以后的工业增加值时间序列图如图 5 - 26 所示。

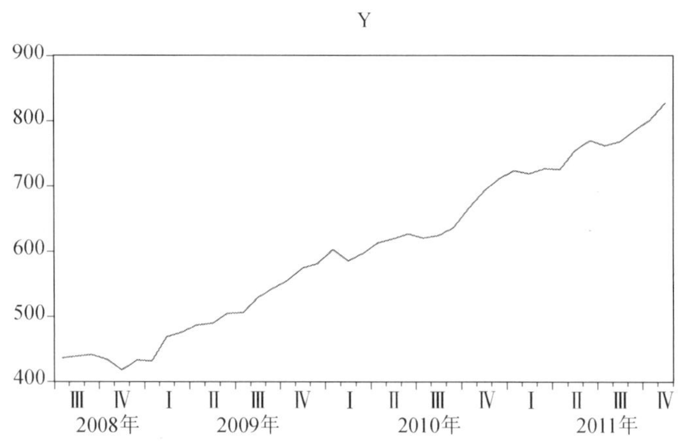

图 5 - 26　剔除季节指数后的工业增加值时间序列图

图 5 - 26 显示，剔除季节效应以后，四川省月度工业增加值具有明显的长期趋势，可以建立相应的趋势方程，为了有效地拟合时间序列模型，下面我们分别拟合确定性和随机性的时间序列模型，通过对比各自最终得到的模型拟合结果，选择效果最好的时间序列模型进行预测。

（1）确定性时间序列模型。从图 5 - 26 可以看出，四川省月度工业增加值具有较为明显的线性趋势。因此，我们考虑用一元线性模型来预测各月份的工业增加值。利用 Eviews7. 0 最终得到分离季节性因素的序列所确定线性趋势方程为：

$$\hat{Y}_t=388.4788+10.2069t$$

模型相关指标见图 5 - 27。

Variable	Coefficient	Std. Error	t-Statistic	Prob.
C	388.4788	4.957711	78.35849	0.0000
T	10.20693	0.205681	49.62519	0.0000

R-squared	0.984410	Mean dependent var	602.8244
Adjusted R-squared	0.984011	S.D. dependent var	123.2347
S.E. of regression	15.58293	Akaike info criterion	8.377780
Sum squared resid	9470.280	Schwarz criterion	8.461369
Log likelihood	-169.7445	Hannan-Quinn criter.	8.408218
F-statistic	2462.659	Durbin-Watson stat	0.621926
Prob(F-statistic)	0.000000		

图 5－27　统计检验结果

（2）随机性时间序列模型。首先，我们利用 Eviews7.0 绘制分离季节因素后的四川省工业增加值一阶差分序列图，如图 5－28 所示。

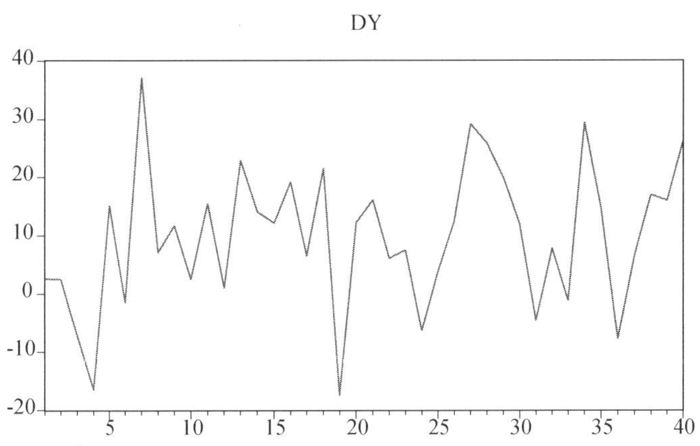

图 5－28　分离季节因素后四川省工业增加值一阶差分序列图

结合图 5－26 和图 5－28，可以看到，四川省工业增加值除在 2008 年 10 月、11 月，2009 年 1 月，2010 年 2 月、7 月和 2011 年 2 月、4 月、7 月这 8 个月出现回落外，其余月份基本上保持线性增长趋势。

然后，我们通过构建分离季节因素后的四川省工业增加值序列（Y）和差分序列（DY）的自相关图和偏自相关图选定模型形式（见图 5－29 和图 5－30）。

Included observations: 41

Autocorrelation	Partial Correlation		AC	PAC	Q-Stat	Prob
		1	0.927	0.927	37.900	0.000
		2	0.859	-0.007	71.250	0.000
		3	0.790	-0.039	100.22	0.000
		4	0.723	-0.029	125.10	0.000
		5	0.649	-0.085	145.71	0.000
		6	0.570	-0.085	162.06	0.000
		7	0.489	-0.065	174.44	0.000
		8	0.423	0.053	184.00	0.000
		9	0.354	-0.059	190.92	0.000
		10	0.288	-0.036	195.63	0.000

图 5－29　Y 的自相关图和偏自相关图

Included observations: 40

Autocorrelation	Partial Correlation		AC	PAC	Q-Stat	Prob
		1	0.018	0.018	0.0133	0.908
		2	0.118	0.117	0.6244	0.732
		3	-0.287	-0.296	4.3774	0.223
		4	-0.193	-0.208	6.1068	0.191
		5	0.027	0.121	6.1413	0.293
		6	0.065	0.041	6.3483	0.385
		7	0.082	-0.066	6.6906	0.462
		8	-0.111	-0.151	7.3397	0.500
		9	-0.083	-0.033	7.7157	0.563
		10	-0.181	-0.130	9.5592	0.480

图 5－30　DY 的自相关图和偏自相关图

结合图 5－29 和图 5－30，我们先假定 Y 是一个 1 阶或 2 阶自回归过程，不妨先假定其是 AR（2）模型。通过 Eviews7.0 可以得到拟合结果如图 5－31 所示。

Variable	Coefficient	Std. Error	t-Statistic	Prob.
C	-461.5867	2094.337	-0.220398	0.8268
AR(1)	0.992058	0.168944	5.872118	0.0000
AR(2)	0.017126	0.171366	0.099937	0.9210

R-squared	0.989000	Mean dependent var	605.5974
Adjusted R-squared	0.988371	S.D. dependent var	116.4433
S.E. of regression	12.55686	Akaike info criterion	7.974068
Sum squared resid	5518.614	Schwarz criterion	8.103351
Log likelihood	-148.5073	Hannan-Quinn criter.	8.020066
F-statistic	1573.385	Durbin-Watson stat	1.997952
Prob(F-statistic)	0.000000		

Inverted AR Roots	1.01	-.02
	Estimated AR process is nonstationary	

图 5－31　拟合结果

从图 5－31 可以看出，由于 AR（2）项，即 Y_{t-2}的系数没有显著性，剔除

AR（2）项继续估计，得到的估计结果如图 5－32 所示。

Variable	Coefficient	Std. Error	t-Statistic	Prob.
C	-301.3243	1467.125	-0.205384	0.8384
AR(1)	1.010500	0.017106	59.07447	0.0000
R-squared	0.989509	Mean dependent var	601.3205	
Adjusted R-squared	0.989225	S.D. dependent var	117.9644	
S.E. of regression	12.24483	Akaike info criterion	7.898005	
Sum squared resid	5547.626	Schwarz criterion	7.983316	
Log likelihood	-152.0111	Hannan-Quinn criter.	7.928614	
F-statistic	3489.793	Durbin-Watson stat	2.028092	
Prob(F-statistic)	0.000000			
Inverted AR Roots	1.01			
	Estimated AR process is nonstationary			

图 5－32 估计结果

可以得到分离季节因素后的四川省工业增加值序列（Y）的随机性时序模型为：

$Y_t = -301.3243 + 1.0105\ (Y_{t-1} + 301.3243)\ + v_t$

整理上述估计结果，得：

$Y_t = 3.1639 + 1.0105 Y_{t-1} + v_t$

其中，飘逸项 3.1639 表示线性趋势的增长速度。

现将我们分别拟合的确定性和随机性的时间序列模型拟合结果进行比较，以此选择效果更好的时间序列模型进行预测（见表 5－29）。

表 5－29 拟合结果比较

模型形式	α	β	R^2	AIC	SC	$D-W$
$Y_t = \alpha + \beta t$	388.4788 (78.3585)	10.2069 (49.6252)	0.9844	8.3778	8.4614	0.6219
$Y_t = \alpha Y_t\ (-1)$	1.0105 (59.0745)	—	0.9895	7.8980	7.9833	2.0281

其中：Y_t 为剔除季节效应以后的四川省工业增加值；参数估计值下面括号内为相应参数 t 检验统计量的值。由表 5－29 可以看出，利用一阶自回归模型拟合剔除季节效应以后的工业增加值相比线性回归模型更为合适，故本章利用一阶自回归模型 AR（1）进行数据可靠性评估。

3. 数据可靠性评估。

（1）离群值甄别。分析对地区工业增加值数据是否可疑，我们采用相对误差评估法。相对误差是指统计指标第 n 期的实际值与预测值之差与第 n 期实际值的比值。公式表示为：

$$e = \frac{Y_n - \hat{Y}_n}{Y_n}$$

其中，ε 为误差范围阈值（如常用取值 1%、5%、10% 等），当 $|e| \leqslant \varepsilon$ 时，初步判定该统计指标的当期实际观测值可靠，否则认为该统计指标第 n 期数据质量异常。这种方法诊断统计数据可靠性直接简单，但是阈值的选取没有公认的标准，不同的阈值可能会得到不同的结果，甚至是完全相反的结果。

在此，我们将误差范围阈值 ε 设为 10%，当 $|e| \leqslant 10\%$ 时，初步判定该统计指标的当期实际观测值可靠，否则认为该期数据为离群值，质量存在异常。

相对误差计算结果见表 5－30，相对误差系数的波动情况如图 5－33 所示。

表 5－30　　相对误差系数计算结果

月份	实际值	拟合值	季节调整预测值	e	$\|e\|$
2008 年 7 月	422.2	—	—		
2008 年 8 月	419.3	429.797	410.7201	0.0205	0.0205
2008 年 9 月	442.8	426.8666	428.3477	0.0326	0.0326
2008 年 10 月	429.9	450.6133	446.2377	－0.0380	0.0380
2008 年 11 月	425.3	437.5779	445.5957	－0.0477	0.0477
2008 年 12 月	481.1	432.9296	481.1511	－0.0001	0.0001
2009 年 1 月	380.4	489.3155	431.4737	－0.1343	0.1343
2009 年 2 月	402.4	387.5581	332.8201	0.1729	0.1729
2009 年 3 月	532.7	409.7891	458.9477	0.1384	0.1384
2009 年 4 月	470.3	541.4573	522.5302	－0.1111	0.1111
2009 年 5 月	482.7	478.4021	471.4040	0.0234	0.0234
2009 年 6 月	587.9	490.9323	571.1466	0.0285	0.0285
2009 年 7 月	490.1	597.2369	578.1392	－0.1796	0.1796
2009 年 8 月	505.8	498.41	476.2876	0.0583	0.0583
2009 年 9 月	545.3	514.2748	516.0593	0.0536	0.0536
2009 年 10 月	550.1	554.1896	548.8082	0.0023	0.0023
2009 年 11 月	585.2	559.04	569.2834	0.0272	0.0272
2009 年 12 月	645.9	594.5085	660.7274	－0.0230	0.0230
2010 年 1 月	531.5	655.8459	578.3187	－0.0881	0.0881
2010 年 2 月	502.6	540.2447	463.9415	0.0769	0.0769
2010 年 3 月	669.1	511.0412	572.3461	0.1446	0.1446

续表

月份	实际值	拟合值	季节调整预测值	e	|e|
2010 年 4 月	592.1	679.2895	655.5444	-0.1072	0.1072
2010 年 5 月	610.6	601.481	592.6825	0.0293	0.0293
2010 年 6 月	729.6	620.1752	721.5068	0.0111	0.0111
2010 年 7 月	600.9	740.4247	716.7484	-0.1928	0.1928
2010 年 8 月	596.8	610.3734	583.2814	0.0227	0.0227
2010 年 9 月	639.1	606.2303	608.3338	0.0481	0.0481
2010 年 10 月	659.6	648.9745	642.6727	0.0257	0.0257
2010 年 11 月	704.6	669.6897	681.9606	0.0321	0.0321
2010 年 12 月	791.2	715.1622	794.8201	-0.0046	0.0046
2011 年 1 月	638.3	802.6715	707.7881	-0.1089	0.1089
2011 年 2 月	617.7	648.1661	556.6202	0.0989	0.0989
2011 年 3 月	814.3	627.3498	702.6071	0.1372	0.1372
2011 年 4 月	700.5	826.0141	797.1401	-0.1380	0.1380
2011 年 5 月	744.3	711.0192	700.6184	0.0587	0.0587
2011 年 6 月	895.9	755.2791	878.6855	0.0192	0.0192
2011 年 7 月	737.9	908.4709	879.4210	-0.1918	0.1918
2011 年 8 月	734.7	748.8119	715.5752	0.0260	0.0260
2011 年 9 月	788.6	745.5783	748.1653	0.0513	0.0513
2011 年 10 月	794.1	800.0442	792.2755	0.0023	0.0023
2011 年 11 月	843.4	805.602	820.3633	0.0273	0.0273

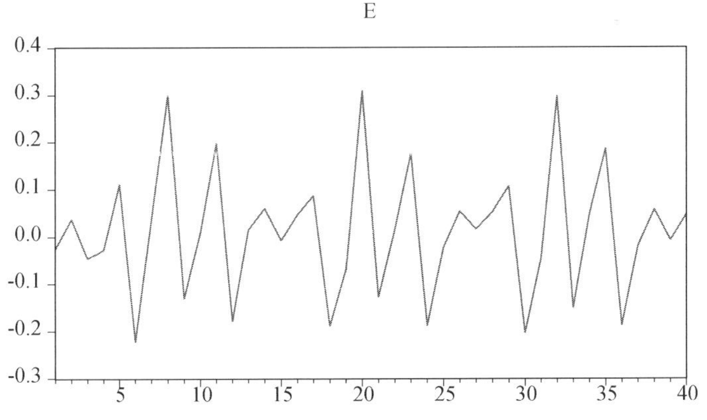

图 5-33　预测残差图

表 5-30 显示，从渐进稳定性匹配角度来看，过半数月份（2008 年 7 月—2011 年 11 月）的四川省工业增加值在允许的误差范围之内。

以 10% 为评判标准，被视为离群值的月份有：2009 年 1 月、2 月、3 月、

4月和7月；2010年3月、4月和7月；2011年1月、3月、4月和7月。

综合上述统计，在我们所研究的40个评估数据中，数据异常的月份共12个，占30%。从偏离的正负方向来看，负向较多（8个月），正向较少（4个月）。

（2）异常值统计显著性检验。在此，我们采用样本分位数检验法。

首先，我们对样本数据进行正态性检验。在图5－34中，Kolmogorov－Smirnov检验和Shapiro－Wilk检验的sig值均大于0.05，故拒绝原假设，接受样本数据呈正态分布。在图5－35中，偏度系数SK和峰度系数BK表明样本数据呈正态分布。由图5－35可以看到，样本数据大致呈钟形分布，也表明正态分布假设成立。该检验法描述和直方图见图5－36和图5－37。

	案例					
	有效		缺失		合计	
	N	百分比	N	百分比	N	百分比
工业增加值	40	100.0%	0	0.0%	40	100.0%

图5－34 案例处理摘要

	Kolmogorov-Smirnov[a]			Shapiro-Wilk		
	统计量	df	Sig.	统计量	df	Sig.
工业增加值	0.076	40	0.200*	0.974	40	0.464

*. 这是真实显著水平的下限。

a. Lilliefors 显著水平修正

图5－35 正态性检验

			统计量	标准误
工业增加值	均值		607.8650	21.24516
	均值的 95% 置信区间	下限	564.8926	
		上限	650.8374	
	5% 修整均值		605.3472	
	中值		598.8500	
	方差		18 054.265	
	标准差		134.36616	
	极小值		380.40	
	极大值		895.90	
	范围		515.50	
	四分位距		230.13	
	偏度		.221	.374
	峰度		-.820	.733

图5－36 描述

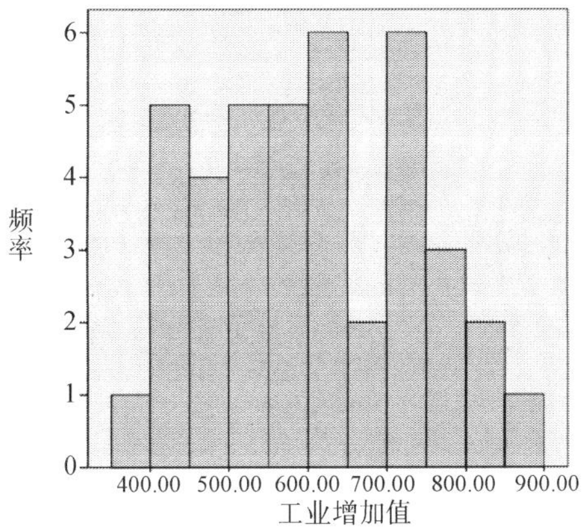

图 5-37　直方图

接下来，我们计算统计量，因样本标准差 σ 已知，故采用 0.3 样本分位数法。其中，$n=40$，$n_1=0.3n=12$，$n_2=n-n_1+1=29$。下面我们对 $Y_{(1)}=380.4$ 进行异常值显著性检验。

下侧检验统计量：

$$G_1=\frac{\frac{1}{2}[Y_{(n_1)}+Y_{(n_2)}]-Y_{(1)}}{\sigma}=\frac{\frac{1}{2}\times[505.8+700.5]-380.4}{134.4}=1.6574$$

查临界值表，$Y_{(1)}$ 不具有异常值显著性，故认为其不是异常值，可靠性较高。同理，借助该方法可检验其他离群值的异常值显著性，结果汇总如表 5-31 所示。

表 5-31　异常值检验结果

月份	实际值	季节调整预测值	显著性
2009 年 1 月	380.4	431.4737	无
2009 年 2 月	402.4	332.8201	有
2009 年 3 月	532.7	458.9477	无
2009 年 4 月	470.3	522.5302	无
2009 年 7 月	490.1	578.1392	有
2010 年 3 月	669.1	572.3461	无
2010 年 4 月	592.1	655.5444	无
2010 年 7 月	600.9	716.7484	有

续表

月份	实际值	季节调整预测值	显著性
2011 年 1 月	638.3	707.7881	无
2011 年 3 月	814.3	702.6071	无
2011 年 4 月	700.5	797.1401	无
2011 年 7 月	737.9	879.421	有

据表 5－31 显示，2009 年 2 月、7 月，2010 年 7 月和 2011 年 7 月的四川省工业增加值出现明显异常，其数据可靠性较低。

（四）基于结构稳定假设的可靠性实证评估

1. 结构稳定理论模型与数据说明。工业增加值与能源、电力等的消耗存在密切的关联性，而能源、电力等指标都是从投入的角度进行考察，产业结构的改变、能源效率的提高等都会对它们之间的系统关联性产生一定程度的影响，工业产品出产以后，不可避免地进入流通环节，所以从流通环节入手考察基于结构稳定匹配的工业增加值数据可靠性更为科学。

同时，在国民经济运行系统中，工业产品出厂以后进入流通领域必然性、市场经济产品供需平衡而形成的价格波动性和工业增加值具有系统关联性，这种系统关联性结构是稳定的，故可以利用向量自回归模型（VAR）对工业增加值与货物周转量、物价指数进行匹配性评估。

在基于结构稳定匹配的地区工业增加值数据可靠性评估过程中，数据频率时间维度、频率等和基于渐进稳定匹配相一致，即 2008 年 2 月至 2012 年 5 月的四川省月度数据（共 52 个月）。在指标的选取上，因部分数据不可得，故采用当月公路货物周转量代表货物周转量，物价指数依然采用工业生产者出厂价格指数。其中，四川省公路货物周转量数据源自中国经济与社会发展统计数据库，四川省工业生产者出厂价格指数源自国家统计局官网的国家数据库。

在数据搜集过程中，月度工业产品价格指数为同比价格指数，工业增加值也为同比增长速度，所以我们将四川省公路货物周转量也转化为同比增长速度，这样便保证了各个指标口径的一致性。同时，在模型构建的过程中，工业同比增长速度和公路货物周转量同比增长速度两个指标的数据均转换成与工业生产者出厂价格指数相同的指数形式，然后取自然对数，这样就避免了增长速度为负时不能取对数的困境。

2. 向量自回归（VAR）模型的构建。向量自回归是指系统内每个方程有相同的等号右侧变量，而这些右侧变量包括所有内生变量的滞后值。当每个变量都对预测其余变量起作用时，这组变量适合用 VAR 模型表示。VAR 的表达式为：

$$y_t = A_1 y_{t-1} + \cdots + A_N y_{t-N} + Bx_t + \varepsilon_t$$

这里，y_t 是一个内生变量列向量，x_t 是外生变量向量，A_1，…，A_N 和 B 是待估的系数矩阵，ε_t 则是误差向量。误差向量内的误差变量之间允许相关，但是这些误差变量不存在自相关，与 y_{t-1}，…，y_{t-N} 和 x_t 也不相关。在 VAR 内，每个方程的最佳估计为普通最小二乘估计。

向量自回归模型对于相互联系的时间序列变量系统是有效的预测模型。同时，向量自回归模型也被频繁地用于分析不同类型的随机误差项对系统变量的动态影响。不过，对于这种应用存在着许多争议，在此我们不予讨论。

我们对四川省工业同比增长速度（Y）、公路货物周转量同比增长速度（X1）和工业生产者出厂价格指数 3 个时间序列进行单位根检验（X2）。其中，检验方法选择 ADF 检验（Level、Intercept、Automatic selection），Eviews 运算结果如图 5－38 至图 5－40 所示。

Null Hypothesis: Y has a unit root
Exogenous: Constant
Lag Length: 0 (Automatic - based on SIC, maxlag=10)

		t-Statistic	Prob.*
Augmented Dickey-Fuller test statistic		-4.830540	0.0002
Test critical values:	1% level	-3.565430	
	5% level	-2.919952	
	10% level	-2.597905	

*MacKinnon (1996) one-sided p-values.

图 5－38　运算结果（1）

Null Hypothesis: X1 has a unit root
Exogenous: Constant
Lag Length: 0 (Automatic - based on SIC, maxlag=10)

		t-Statistic	Prob.*
Augmented Dickey-Fuller test statistic		-1.974427	0.2969
Test critical values:	1% level	-3.565430	
	5% level	-2.919952	
	10% level	-2.597905	

*MacKinnon (1996) one-sided p-values.

图 5－39　运算结果（2）

Null Hypothesis: X2 has a unit root
Exogenous: Constant
Lag Length: 2 (Automatic - based on SIC, maxlag=10)

		t-Statistic	Prob.*
Augmented Dickey-Fuller test statistic		-3.315466	0.0195
Test critical values:	1% level	-3.571310	
	5% level	-2.922449	
	10% level	-2.599224	

*MacKinnon (1996) one-sided p-values.

图 5 – 40 运算结果（3）

ADF 检验结果显示，Y 序列平稳，X1 和 X2 非平稳，故继续选择一阶差分进行检验（1st difference、None、Automatic selection）。结果如图 5 – 41 至图 5 – 43所示。

Null Hypothesis: D(Y) has a unit root
Exogenous: None
Lag Length: 0 (Automatic - based on SIC, maxlag=10)

		t-Statistic	Prob.*
Augmented Dickey-Fuller test statistic		-10.55148	0.0000
Test critical values:	1% level	-2.612033	
	5% level	-1.947520	
	10% level	-1.612650	

*MacKinnon (1996) one-sided p-values.

图 5 – 41 检验结果（1）

Null Hypothesis: D(X1) has a unit root
Exogenous: None
Lag Length: 0 (Automatic - based on SIC, maxlag=10)

		t-Statistic	Prob.*
Augmented Dickey-Fuller test statistic		-8.776374	0.0000
Test critical values:	1% level	-2.612033	
	5% level	-1.947520	
	10% level	-1.612650	

*MacKinnon (1996) one-sided p-values.

图 5 – 42 检验结果（2）

Null Hypothesis: D(X2) has a unit root
Exogenous: None
Lag Length: 0 (Automatic - based on SIC, maxlag=10)

		t-Statistic	Prob.*
Augmented Dickey-Fuller test statistic		-2.729823	0.0073
Test critical values:	1% level	-2.612033	
	5% level	-1.947520	
	10% level	-1.612650	

*MacKinnon (1996) one-sided p-values.

图 5 – 43 检验结果（3）

ADF 检验结果显示，Y、X1 和 X2 一阶差分序列均不含单位根，3 个时间序列服从一阶单整，均已平稳，此时可以采用 Engle - Granger（EG 方法）对 3 个指标（DY、DX1、DX2）进行协整检验。

我们先通过 Eviews7.0 操作得到残差序列项时间序列 e_t，再对其进行 ADF 单位根检验，结果显示如图 5 - 44 所示。

Null Hypothesis: RESID01 has a unit root
Exogenous: Constant
Lag Length: 0 (Automatic - based on SIC, maxlag=10)

		t-Statistic	Prob.*
Augmented Dickey-Fuller test statistic		-5.789381	0.0000
Test critical values:	1% level	-3.565430	
	5% level	-2.919952	
	10% level	-2.597905	

*MacKinnon (1996) one-sided p-values.

图 5 - 44 ADF 单位根检验结果

由检验结果可知，残差序列项时间序列 e_t 平稳，故 Y、X1、X2 三者之间存在（1，1，1）阶协整关系。因此，我们可以拟定基于结构稳定性的理论模型如下：

$$Y_t = a_1 + \sum_{i=1}^{p} a_{1,1i} Y_{t-i} + \sum_{i=1}^{p} a_{1,2i} X_{1,t-i} + \sum_{i=1}^{p} a_{1,3i} X_{2,t-i} + \varepsilon_{1t}$$

$$X_{1,t} = a_2 + \sum_{i=1}^{p} a_{2,1i} Y_{t-i} + \sum_{i=1}^{p} a_{2,2i} X_{1,t-i} + \sum_{i=1}^{p} a_{2,3i} X_{2,t-i} + \varepsilon_{2t}$$

$$X_{2,t} = a_3 + \sum_{i=1}^{p} a_{3,1i} Y_{t-i} + \sum_{i=1}^{p} a_{3,2i} X_{1,t-i} + \sum_{i=1}^{p} a_{3,3i} X_{2,t-i} + \varepsilon_{3t}$$

式中 t 为时间下标，Y_t 为第 t 期工业增加值同比增长速度，$X_{1,t}$ 为第 t 期的月公路货物周转量的同比增长速度，$X_{2,t}$ 为第 t 期工业产品当月出厂价格指数（同比数）。

根据 AIC 和 SC 准则，确定最优滞后期为 2，对模型进行参数估计，模型的整体拟合效果较好，进而得到四川省工业增加值增速、公路货物周转量增速和工业生产者出厂价格指数之间的方程为：

$$Y = 5.32 + 1.09Y(-1) + 0.58Y(-2) - 0.49X_1(-1) - 0.16X_1(-2)$$
$$(3.21) \quad (4.58) \quad (2.17) \quad (-3.64) \quad (-1.61)$$
$$+ 2.27X_2(-1) - 1.51X_2(-2)$$
$$(1.52) \quad (-1.03)$$

$R^2 = 0.61$ $\overline{R}^2 = 0.59$ $F = 39.10$

3. 数据可靠性评估。

（1）离群值甄别。我们同样采用相对误差评估法。其中，误差范围阈值 ε 设为10%，当 $|e| \leqslant 10\%$ 时，初步判定该统计指标的当期实际观测值可靠，否则认为该期增长数据为离群值，质量存在异常。

以10%为评判标准，被视为离群值的月份为：2009年1月、2月、3月、4月、7月和12月；2010年3月、6月、7月、12月；2011年1月、4月、7月、10月和12月。

综合上述统计，在我们所研究的40个样本数据中，可靠性较低的月份共15个，占37.5%。从偏离的正负方向来看，负向较多（9个月），而正向较少（6个月）。

（2）异常值显著性检验。Kolmogorov－Smirnov检验和Shapiro－Wilk检验的sig值均大于0.05，故拒绝原假设，认为样本数据呈正态分布，故可以对上述离群值进行异常值显著性检验。其中，2009年2月、3月，2010年7月、12月和2011年7月、12月的四川省工业增加值增长数据出现明显异常，其数据可靠性较低。

第六章 地区能源消费总量数据可靠性评估

第一节　地区能源消费总量可靠性评估方法

一、逻辑关系评估法

（一）含义

逻辑关系评估法就是利用相关数据间的平衡关系来矫正数据。在地区能源总量可靠性评估方法中，运用逻辑关系方法评估能源消费总量，主要是基于能源平衡表以及其他指标间的内在关系而确定能源消费总量的数据可靠性。

（二）评估方法列举

1. 全社会原煤产量审核时要特别注意原煤产品产、销、存之间的逻辑关系，尤其是外销煤炭与原煤产量的关系。评估方法：

（1）本县（市、区）原煤产量≈本县（市、区）规模以上工业月报中原煤消费量+规模以下工业原煤消费量[①]+销往本县（市、区）外及出口量（各大矿务局和煤运公司统计的铁路、公路出省煤炭）+本县（市、区）内外市

---

① 公式中规模以下工业的原煤消费量也可用上年各县（市、区）计算 GDP 单耗的地区能源消费总量中的煤炭消费量来代替。

企业从本市购煤量-本县（市、区）企业从外市购煤量+期初期末库存差数

（2）企业原煤产量=本企业原煤消费量+销往本企业以外及出口量-本企业从外购煤量+期初期末库存差数

2. 全社会焦炭生产量审核时特别注意焦炭产品产、销、存之间的逻辑关系。焦炭产品主要用户是钢铁企业。规模以上工业企业焦炭产量应和能源“工业企业能源购进、消费与库存附表”中焦炭的产出量一致。

3. 全社会电力生产量一般从市（县、区）电力公司取得，火力发电企业基本上都是规模以上，规模以上工业分企业电力产量应和能源“工业企业能源购进、消费与库存附表”中电力的产出量一致。

4. 规模以上工业单位增加值能耗评估方法：

单位增加值能耗=工业企业综合能源消费量÷同口径工业增加值

（1）能源品种的消费量变动幅度超过20%的要核实，查明原因。

（2）根据企业生产经营状态和产值的增减变化，认真分析每一项能源品种的变动是否合理。

（3）检查每一个能源消费品种的折标系数的采用是否合适，企业有实测热值能力的，要按企业报告期内实际测量的热值计算其折标系数。

（4）有加工转换生产活动的企业要按照“能量守恒定律”认真核算每一个加工转换类别的加工转换效率，洗煤和炼焦的加工转换效率大体参照80%—95%，发电的加工转换效率大电厂目前国内最好水平为38%，小电厂加工转换效率大体参照15%—25%。

（5）计算企业的综合能源消费量，根据生产活动的性质，综合能源消费量不同的企业有不同的计算方法。

非能源加工转换企业计算公式为：

综合能源消费量=企业消费的各种一次能源（标准量）和二次能源（标准量）的总和

能源加工转换企业计算公式为：

综合能源消费量=各种能源消费量（标准量）合计（包括自产自用的二次能源）-本企业加工转换的二次能源产量（标准量）

（6）企业综合能源消费量同比增、减幅度超过20%的，要结合企业产品单耗变动认真核实，查明原因。

（7）在审核中应注意：①表内的逻辑关系。②表与表之间的关系。③表与跨专业数字的衔接（如能源生产量、消费量、工业总产值等应与工业产值

产量报表中的数字衔接)。④应与行业、部门之间的数字衔接(如电力公司、石油公司、煤炭管理局等)。⑤发现报表缺数、数字过大或过小,报表中的基本逻辑关系不平等应及时与起报单位核实,不得私自修改、填补。

5. 单位地区 GDP 能耗数据质量评估方法:

单位 GDP 能耗 = 地区能源消费总量 ÷ 地区生产总值(GDP)总量

地区能源消费总量包括本地区各行业的能源消费量,包括农业、工业、建筑业、交通运输业、批零餐饮业、其他行业和城乡居民生活消费等。各行业能源消费量根据调查队、电力部门、农机部门、石油经销部门、交通运输部门及城建部门的有关资料推算。

6. 单位地区 GDP 电耗数据质量评估方法:

单位 GDP 电耗 = 地区电力消费总量 ÷ 地区生产总值(GDP)总量

地区电力消费总量取自电力公司电力收支平衡表。能源制度中规模以上“工业企业能源购进、消费与库存表”中工业生产电力消费量要小于电力公司“电力收支表”中的工业消费量。

7. 各县(市、区)能源消费总量实行季度联审制度:

下算一级,按季联审。每季联审时,根据实际情况亦可采用相关指标速度倒推法、结构比例趋势法进行行业总量的控制,或者用占全市的行业比重进行总量控制。对于波动较大的极端值要进行重点监控,要对相关基础数据进行严格评估,对使用的相关系数进行多年度的对比分析判断,从而避免特异值的产生。

二、对比分析验证法

(一)含义

“工业企业能源购进、消费与库存报表”是全社会能源统计工作的重要组成部分,各市、州统计局汇总的企业综合能源消费和工业总产值应与本地区的宏观经济总体趋势协调,在报告期与比较期口径一致的前提下,本地区电力消费、地区 GDP 总量、地区税收、工业增加值、社会消费品零售总额和固定资产投资等指标的变动趋势是否协调匹配,要综合分析工业企业能源消耗状况。

(二)适用范围

核查综合能源消费量与相关指标趋势是否一致。通过观察它们的协调性和匹配性，对综合能耗增长速度的质量和合理性做出评估判断。主要通过以下几方面进行评估：

1. 综合能源消费量增速与用电量增速的关系。各行业生产经营活动都离不开电力消费，用电量增速在一定程度上体现了全社会能耗的走向，因此比较分行业的综合能耗增速与用电量增速的匹配程度有助于判断综合能耗增速的可靠性。

2. 综合能源消费量增速与相关产出增速的关系。通常情况下，要得到一定增速的产出必须投入相应增速的能源消耗，能耗弹性系数将保持在合理区间内。通过分析分行业综合能耗增速与产出增速的匹配程度判断分行业综合能耗增速的合理性。

（1）工业：分析综合能源消费量增速与工业总产值增速的匹配程度。

（2）交通运输业：分析综合能源消费量增速与车辆拥有量、运营里程以及周转量增速的匹配程度。

（3）建筑业：分析综合能源消费量增速与建筑业总产值增速的匹配程度。

（4）批发和零售业、住宿和餐饮业、金融业、教育、卫生、党政机关及其他公共机构：分析综合能源消费量增速与建筑面积增速的匹配程度。

3. 综合能源消费量增速和产品产量（或业务量）增速的关系。通常情况下，产品产量（或业务量）增速与综合能耗增速具有一定的正相关性。因此，通过分析综合能源消费量增速和产品产量（或业务量）增速的匹配程度有助于判断主要行业综合能耗增速的合理性。

三、计量经济模型法

（一）含义

计量模型法是通过对待评估指标构建合理恰当的计量经济模型，利用模型来判断数据可靠程度的一种评估方法。由于各类统计指标之间的相互关系错综复杂，采用逻辑关系检验法去评估数据可靠性时往往过于粗糙，其结果也不够精确，因此，为了能够有效判断统计数据可靠性，一些学者开始采用计量经济模型拟合的方法作为评估手段，这就是评估统计数据可靠性的计量经济模型法。利用计量经济模型法对地区能源消耗总量评估，即对地区的能源消耗和地区发展情况的时序数据进行计量分析，如综合能源消费总量、能源转换效率、火力发电煤耗和工业总产值等指标，来评估能源消耗数据的可靠程度。

（二）适用范围

以各地全社会用电量、上年能源平衡表中各行业用电比重和三次产业增加值增长速度评估各地能源消费量增长速度。

1. 第一产业：各县（市、区）按本区的用电量增速，评估测算该产业能耗速度，若增速与该产业增加值增速出现较大偏差，可提供基础依据等予以适当调整。

2. 第二产业。

（1）规模以上工业能耗增速取自于一套表平台规模以上工业企业能耗汇总数，必须保持完全一致；规模以下工业能耗占全部工业的比重应与上年比重基本一致，如比重与上年比变化较大，按规模以上工业增加值能耗的降低率和规模以下工业速度计算的能耗速度评估调整。

（2）建筑业能耗速度，按县（市、区）用电量增速评估，若增速与该产业增加值增速出现较大偏差，可根据相关基础依据予以适当调整。

3. 第三产业：县（市、区）根据该产业用电量扣除掉交通运输业用电量之后的增速来评估该产业能耗增速；交通运输业：根据该行业的增加值增速来评估该产业能耗增速。

4. 居民生活用能：依据当期的居民生活用电增速评估居民生活用能增速。在对各县（市、区）三次产业和居民生活用能初评的基础上，对全市能源消费量增速与各县（市、区）汇总的能源消费量增速的协调性、全市单位 GDP 能耗降低率与各县（市、区）汇总的单位 GDP 能耗降低率的协调性，以及各县（市、区）能源消费总量与用电量增速的匹配性进行评估。

第二节　地区能源消费总量可靠性实证评估

一、评估方法：计量经济模型法

计量模型法是通过对待评估指标构建合理恰当的计量经济模型，利用模型来判断数据可靠程度的一种评估方法。由于各类统计指标之间的相互关系错综复杂，采用逻辑关系检验法去评估数据可靠性时往往过于粗糙，其结果也不够精确，因此，为了能够有效判断统计数据可靠性，一些学者开始采用计量经济模型拟合的方法作为评估手段，这就是评估统计数据可靠性的计量经济模型法。

这种方法的基本思路如下：

第一步，对待评估的统计数据进行深入分析，探究其经济意义，根据经济学理论或统计学理论构建恰当合理的计量经济模型，通常以待评估指标作为因变量，相关联指标作为自变量；

第二步，根据样本数据对模型的参数进行估计，并对估计得到的参数进行检验，建立具体的计量经济模型，并检验其统计意义和经济意义；

第三步，对所建立的计量经济模型进行分析，并根据变量的实际数据和相应的理论对被评估的统计数据可靠性进行评估。

二、实证研究

（一）数据预处理与模型检验

1. 变量选取和数据预处理。在《四川统计年鉴》上，由于统计年鉴编制的口径的出入，2000—2004 年的能源数据缺失，本书为了使数据具有可比性，以及保证时间长度和数据的完整性，选取 1985—1999 年，以及 2005—2014 年四川能源生产总量（当量值，单位为万吨标准煤）、能源消费总量（当量值，单位为万吨标准煤），以及 GDP（单位：亿元）的年度数据进行分析，数据均源于历年《四川统计年鉴》能源章节。

由于能源数据和经济数据的单位不一致，为了使每年的 GDP 数据具有可比性，先将每年的 GDP 按 1985 年的不变价格换算成实际的 GDP，且能源生产和消费总量均已 1985 年为基期换算成实际的能源生产和消费总量，再对处理之后的数据进行趋势观察，结果如图 6 - 1 所示。

从图 6 - 1 可以看出，GDP 的上升趋势较快，而能源生产和消费数据上升速度相对缓慢，但是能源生产总量和能源消费总量与 GDP 二者上升的趋势在长期内具有明显的相似性。

2. 单位根和协整检验。为了避免出现伪回归，我们要对数据的平稳性进

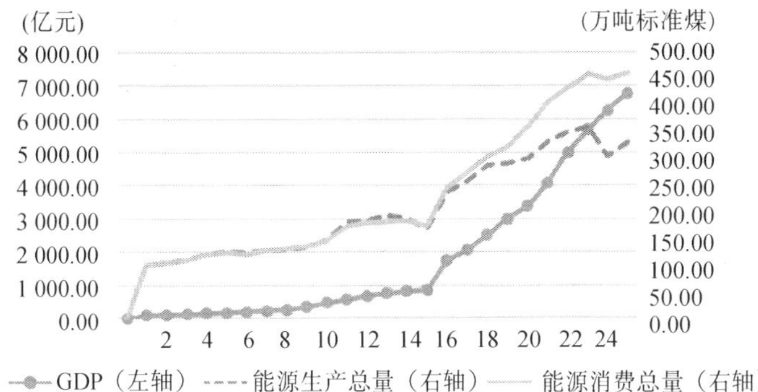

图 6－1　四川能源生产和消费总量与 GDP 的时序图

行判断，为此我们对数据采用 ADF 检验。检验结果如表 6－1 所示（其中：x_1 表示 GDP，x_2 表示能源生产总量，x_3 表示能源消费总量）。

表 6－1　　变量的单位根检验结果

变量	ADF 值	临界值			P 值	结论
		1%	5%	10%		
x_1	5.320004	－3.737853	－2.991878	－2.635542	1.0000	非平稳
x_2	－0.402052	－3.737853	－2.991878	－2.635542	0.8939	非平稳
x_3	1.219776	－3.737853	－2.991878	－2.635542	0.9973	非平稳
$\ln x_1$	－0.247045	－3.737853	－2.991878	－2.635542	0.9193	非平稳
$\ln x_2$	－0.821698	－3.737853	－2.991878	－2.635542	0.7947	非平稳
$\ln x_3$	0.060066	－3.737853	－2.991878	－2.635542	0.9554	非平稳
$d(\ln x_1)$	－5.077871	－3.752946	－2.998064	2.638752	0.0005	平稳
$d(\ln x_2)$	－5.135206	－3.752946	－2.998064	－2.638752	0.0004	平稳
$d(\ln x_3)$	－4.752839	－3.752946	－2.998064	－2.638752	0.0010	平稳

由表 6－1 可知，原始变量 x_1（GDP）、x_2（能源生产总量）、x_3（能源消费总量）取对数后的一阶差分的 t 统计量均小于临界值，是通过单位根检验的（见图 6－2），所以认为它们的一阶差分不存在单位根，是平稳的序列。

在经过以上的处理和分析，我们对差分后的三个变量建立向量自回归模型。为确定模型的滞后阶数，我们对滞后期为 0 至 5 阶的模型进行滞后结构检验（见表 6－2）。

表 6－2　模型滞后期数选取

Lag	LogL	LR	FPE	AIC	SC	HQ
0	24.94293	NA	2.24e－05	－2.194293	－2.044933	－2.165137
1	88.42266	101.5676*	9.79e－08*	－7.642266	－7.044827*	－7.525640
2	90.92963	3.259058	2.02e－07	－6.992963	－5.947444	－6.788867
3	106.6272	15.69761	1.27e－07	－7.662724	－6.169126	－7.371158
4	110.7261	2.869196	3.27e－07	－7.172610	－5.230932	－6.793574
5	140.4641	11.89522	1.16e－07	－9.246414*	－6.856656	－8.779908*

可以看出，选取滞后阶数为 1 阶的模型效果最好，因此我们选择滞后阶数为 1 的 VAR（1）模型。

$\ln x_2 = 0.246684 \times \ln x_2(-1) + 0.290057 \times \ln x_1(-1) - 0.173525 \times \ln x_3(-1) + 2.979328$

$\ln x_1 = -0.633539 \times \ln x_2(-1) + 1.335530 \times \ln x_1(-1) - 0.392316 \times \ln x_3(-1) + 3.333297$

$\ln x_3 = -0.414823 \times \ln x_2(-1) + 0.231104 \times \ln x_1(-1) + 0.734847 \times \ln x_3(-1) + 2.099344$

随后，检验此 VAR（1）模型的平稳性，结果如表 6－3 所示。

表 6－3　VAR 稳定性检验

根的倒数（Root）	模（Modulus）
0.950495 －0.014056i	0.950599
0.950495 +0.014056i	0.950599
0.416070	0.416070
No root lies outside the unit circle. VAR satisfies the stability condition.	

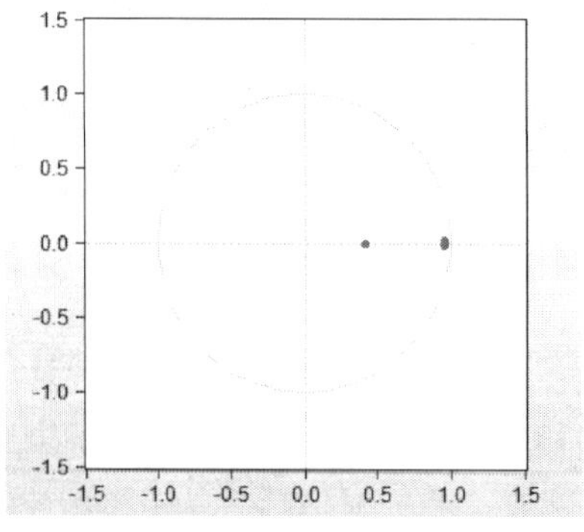

图 6－2　VAR 根的图

在上述 VAR（1）模型中，对模型的平稳性检验可知：方程所有的跟均在单位圆内，表明整个 VAR 系统保持稳定，即 VAR（1）的平稳性检验通过。

由于模型中变量的个数超过了两个，因此还需要进行 Johansen 协整检验，确定协整关系的数量（见表6－4）。

表6－4　　Johansen 协整检验结果

Unrestricted Cointegration Rank Test (Trace)（迹统计量）

Hypothesized No. of CE (s)	Eigenvalue	Trace Statistic	0.05 Critical Value	Prob. **
None *	0.574079	29.14870	24.27596	0.0112
At most 1	0.308491	9.518177	12.32090	0.1410
At most 2	0.043959	1.033942	4.129906	0.3591

Trace test indicates 1 cointegrating eqn (s) at the 0.05 level

* denotes rejection of the hypothesis at the 0.05 level

** MacKinnon – Haug – Michelis (1999) p – values

Unrestricted Cointegration Rank Test (Maximum Eigenvalue)（最大特征值统计量）

Hypothesized No. of CE (s)	Eigenvalue	Max – Eigen Statistic	0.05 Critical Value	Prob. **
None *	0.574079	19.63052	17.79730	0.0262
At most 1	0.308491	8.484235	11.22480	0.1458
At most 2	0.043959	1.033942	4.129906	0.3591

Max – eigenvalue test indicates 1 cointegrating eqn (s) at the 0.05 level

* denotes rejection of the hypothesis at the 0.05 level

** MacKinnon – Haug – Michelis (1999) p – values

协整检验的结果表明，无论是根据迹统计量（Trace）或者最大特征根统计量（Maximum Eigenvalue），因此认为变量之间具有协整关系，且协整关系数为一个。从而得到标准化后的协整系数（见表6－5）。

表6－5　　标准化协整系数

Normalized cointegrating coefficients (standard error in parentheses)		
LNX2	LNX1	LNX3
1.000000	0.047842	–0.875597
	(0.15680)	(0.19676)

序列 vecm 的数学表达式为：

$vecm = \ln x_2(-1) + 0.047842 \times \ln x_1(-1) - 0.875597 \times \ln x_3(-1)$

对序列 vecm 进行 ADF 检验，结果表明该序列是平稳的，认为能源生产总量与 GDP 以及能源消费总量三者之间是存在长期均衡关系的。

（二）构建 VEC 模型

通过上述分析，可以对数据进行向量误差修正模型，并对参数进行估计，得到最终的模型：

$D(\ln x_2) = 0.002101 \times vecm - 0.460764 \times D(\ln x_2(-1)) + 0.433486 \times D(\ln x(-1)) - 0.117826 \times D(\ln x_3(-1))$

$D(\ln x_3) = 0.040163 \times vecm - 0.311785 \times D(\ln x_2(-1)) + 0.256294 \times D(\ln x_1(-1)) - 0.048975 \times D(\ln x_3(-1))$

$D(\ln x_1) = 0.192891 \times vecm - 0.163434 \times D(\ln x_2(-1)) + 0.223755 \times D(\ln x_1(-1)) - 0.481425 \times D(\ln x_3(-1))$

从模型中可以看出，VEC 模型能够较好的变现能源生产总量、能源消费总量与 GDP 三者之间的动态联系，因此，我们认为可以用 VEC 模型来对能源生产总量、能源消费总量的统计数据可靠性进行评估。

（三）模型结果评估

1. 评估标准。在使用 VEC 模型拟合的结果进行评估时，我们选择相对误差作为评估数据准确性和可靠性的标准。当某一期的相对误差超过 5% 时，认为该期能源生产总量（或能源消费总量）的数据可靠程度较低，有待进一步检验和判断。

相对误差系数 δ_t 的计算公式为：

$\delta_t = (\hat{Y}_t - Y_t) / Y_t$

如果某一期的能源生产总量（或能源消费总量）统计数据的相对误差率满足：

$|\delta_t| = |\hat{Y}_t - Y_t| / Y_t \leq 5\%$

则认为该时期能源生产总量（或能源消费总量）数据的相对误差较小，说明该时期能源生产总量（或能源消费总量）的统计数据可靠性较高。

2. 评估过程。通过上述分析，由 ECM 模型计算的四川省能源生产总量数据的相对误差结果如表 6-6 所示。

表 6-6　　能源生产总量数据相对误差

年份	能源生产总量公布值	能源生产总量预测值	绝对误差	相对误差率（%）
1987	3 883.50	3 699.61	-183.89	-4.74
1988	4 208.80	4 004.61	-204.19	-4.85
1989	4 474.90	4 420.68	-54.22	-1.21
1990	4 351.80	4 578.52	226.72	5.21
1991	4 508.00	4 789.24	281.24	6.24
1992	4 602.70	4 667.75	65.05	1.41
1993	4 702.10	4 846.72	144.62	3.08
1994	5 171.90	5 147.63	-24.27	-0.47
1995	6 374.30	5 596.10	-778.20	-12.21
1996	6 440.80	6 198.46	-242.34	-3.76
1997	6 817.90	6 859.04	41.14	0.60
1998	6 603.20	7 009.24	406.04	6.15
1999	5 922.41	6 908.47	986.06	16.65
2005	8 301.47	6 417.16	-1 884.31	-22.70
2006	9 064.81	9 270.70	205.89	2.27
2007	10 089.71	9 250.27	-839.44	-8.32
2008	10 235.34	10 336.64	101.29	0.99
2009	10 556.21	10 931.73	375.52	3.56
2010	11 691.29	10 812.91	-878.38	-7.51
2011	12 268.55	11 987.72	-280.83	-2.29
2012	12 670.69	13 027.72	357.03	2.82
2013	10 706.38	13 127.12	2 420.75	22.61
2014	11 624.84	12 137.61	512.77	4.41

表 6-6 中，四川能源生产总量的预测值与统计年鉴上面的公布数值趋势一致，大部分年份的相对误差率小于 5%，在可以接受的范围内，仅有个别几年的数据预测发生较大的偏差。

从图 6-3 中可以看出，ECM 模型对能源生产总量的拟合效果较好，相对误差率保持在 25% 以下，公布值与预测值的总体变动趋势基本一致，且与宏观经济的实际运行情况相符。

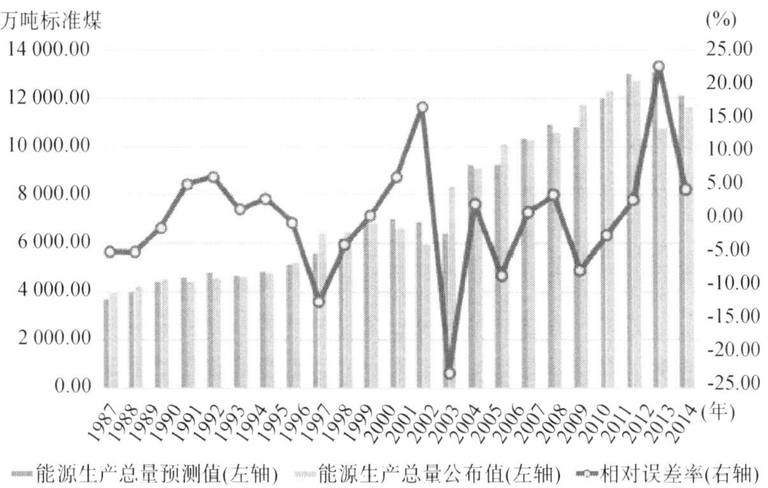

图 6－3 能源生产总量拟合效果图

利用上述模型对四川省能源消费总量数据进行可靠性评估的结果如表 6－7 所示。

表 6－7 能源生消费量数据相对误差

年份	能源消费总量公布值	能源消费总量预测值	绝对误差	相对误差率（%）
1987	4 071.20	4 031.79	－39.41	－0.97
1988	4 422.60	4 273.16	－149.44	－3.38
1989	4 552.30	4 696.24	143.94	3.16
1990	4 418.60	4 765.62	347.02	7.85
1991	4 721.50	4 841.74	120.24	2.55
1992	4 897.10	4 984.82	87.72	1.79
1993	4 999.80	5 220.84	221.04	4.42
1994	5 364.00	5 455.39	91.39	1.70
1995	6 367.40	5 812.33	－555.07	－8.72
1996	6 609.50	6 479.18	－130.32	－1.97
1997	6 654.00	7 128.66	474.66	7.13
1998	6 749.50	7 026.92	277.42	4.11
1999	6 369.97	7 216.77	846.80	13.29

续表

年份	能源消费总量公布值	能源消费总量预测值	绝对误差	相对误差率（%）
2005	9 073.07	6 949.09	-2 123.98	-23.41
2006	10 035.09	10 009.32	-25.77	-0.26
2007	11 223.98	10 547.32	-676.66	-6.03
2008	11 829.06	11 826.61	-2.45	-0.02
2009	13 321.80	12 794.29	-527.51	-3.96
2010	15 013.97	14 030.30	-983.68	-6.55
2011	15 958.01	15 781.98	-176.03	-1.10
2012	16 897.65	17 143.63	245.98	1.46
2013	16 514.39	17 892.08	1 377.69	8.34
2014	16 973.81	18 454.86	1 481.05	8.73

在表6-7中，从能源消费总量的预测值与统计年鉴的公布值之间的相对误差情况来看，大部分年份的相对误差在5%以内，但是预测值与公布值之间的总体变动趋势一致，拟合效果较好。

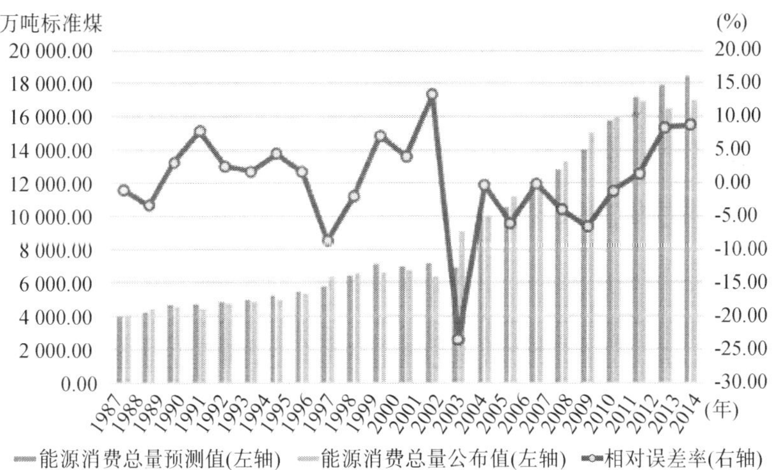

图6-4　能源消费总量拟合效果图

3. 评估结果。对上述的评估结果进行详细分析来看，能源生产总量和能源消费总量预测值与公布值存在差异的年份列举如表6-8所示。

表 6-8 相对误差异常的年份

指标	能源生产总量异常	能源消费总量异常
异常年份	1990，1991，1995，1998，1999，2005，2007，2010，2013	1990，1995，1997，1999，2005，2007，2010，2013，2014
预测值 > 公布值的异常年份（年）	1990，1991，1998，1999，2013	1990，1997，1999，2013，2014
预测值 < 公布值的异常年份（年）	1995，2005，2007，2010	1995，2005，2007，2010

从上述异常年份的结果来看，能源生产和消费总量预测值高于公布值的异常年份中，有 3 年相同，分别为 1990 年，1999 年和 2013 年，说明这 3 年的数据存在不同程度的低估；而预测值低于公布值的异常年份中，有 4 年相同，分别为 1995 年，2005 年，2007 年，2010 年。说明，这 4 年的数据存在不同程度的高估。

第七章
地区全社会固定资产投资数据可靠性评估

第一节　地区全社会固定资产投资可靠性评估方法

固定资产投资是拉动经济增长的“三驾马车”之一，与促进就业、改善民生以及优化产业结构等密切相关，在经济社会发展中有着十分重要的作用。而一个地区的全社会固定资产投资在很大程度上决定了这个地区的经济总量和社会发展状况，其数据更是地区判断经济走势、制定宏观调控政策以及推动社会平稳发展的重要指标之一。

按现行国家统计制度规定，全社会固定资产投资由两大部分组合而成，一是城镇建设项目投资和房地产开发投资、农村非农户建设项目投资和国防、人防建设项目投资；二是农户建设项目投资。目前城镇项目、农村非农户项目投资和房地产开发投资均通过全面调查获得数据；农户投资采用抽样调查方法取得数据。但在调查过程中，固定资产投资的数据可能会受到内部和外部的多方面因素的干扰，如：（1）基层报表单位统计基础薄弱；（2）统计部门执行方法制度不到位；（3）外界干预投资统计数据；（4）抽样方法存在不可避免的误差等，使得统计数据不一定真实可靠。因此，对于地区全社会固定资产投资统计数据的可靠性的评估具有重大意义。本章将对地区全社会固定资产投资可靠性的评估方法进行探索和总结，并在四川省相关数据的基础上进行实证分析，由此尝试设计地区对应统计数据的校准系统。

全社会固定资产投资作为一个影响地区经济平稳发展的重要指标，与许多社会经济指标之间有着千丝万缕的联系。目前，对地区全社会固定资产投资可靠性的评估方法主要从趋势性、结构性、匹配性三个角度出发，运用单指标时序分析和多指标综合分析的统计分析方法，评估数据的可靠性。

一、单指标评估方法

（一）对数正态分布检验法

较多学者的研究表明，反映研究对象规模大小的统计数据都近似服从对数正态分布，尤其是反映经济规模的数据。若数据服从对数正态分布，则认为其准确且可靠；反之则可靠性有待商榷，远离对数正态分布的点就视为异常点。因此在研究全社会固定资产投资的可靠性时，可以使用对数正态分布的特征来对数据进行异常点的检查和识别。具体步骤为：

（1）对原序列作对数变换；

（2）用 K－S 检验法检验对数序列是否符合正态分布；

（3）选择恰当的显著性水平 α，得出检验结果并分析。若通过 K－S 检验，则接受正态性假设，可以认为原序列的具有较高的可靠性；反之，则认为原序列存在异常点，可靠性不足。

此外还可以计算相对拟合误差：

$$\beta = \left| \frac{e^{\widehat{\mu}+\frac{\widehat{\sigma^2}}{2}} - \frac{1}{2}\sum_{i=1}^{n} x_i}{e^{\widehat{\mu}+\frac{\widehat{\sigma^2}}{2}}} \right|$$

来探测个体数据中存在的异常点以控制汇总数据的可靠性。若 β 越大，则数据越准确可靠性越高；反之则可靠性越差。

（二）灰色模型分析

灰色性是描述系统所具有的一种特性，这种特性使得这个系统表现出一系列的特点：动态变化的随机性、指标数据的不确定性或不完备性和层次、结果关系的模糊性。换句话说，具备以上特点的系统就称为灰色系统。我国学者邓聚龙对灰色理论进行不断研究，建立了专门用以研究灰色系统的模型，这种模型就称为灰色模型，简称 GM 模型。

灰色模型的基本思想如下：

第一步，将原始数据组成的序列 $x^{(0)}$ 进行一次累加运算，得到一次累加序列 $x^{(1)}$，这种数据处理方法可以将原始数据的随机性进行弱化，使数据具有的特征和规律更加明显化。

第二步，对计算得到的一次累计序列 $x^{(1)}$ 建立微分方程模型，即 GM 模型，目前，经常使用的 GM 模型为一阶单变量微分方程模型，简称 GM（1，1）模型。

有别于传统数理统计模型和计量模型，GM 模型在小样本、贫信息的情况下使用仍然具有较高精确度的优点，使得其在提出之后很快便被广泛应用于各个学科。因为其模型结果较为准确因此也适用于固定资产投资数据可靠性的评估。

二、多指标评估方法

（一）综合评价法

综合评价法是指将多个评价指标进行处理，汇总成一个综合性指标的方法。这是一种十分常见的评价方法，在各行各业应用较为广泛，地方统计局也普遍采用此方法对固定资产投资数据的可靠性进行评估。综合评价法的一般步骤如下：

（1）确定恰当的综合评价指标体系，这是综合评价的基础；

（2）收集数据，并对指标数据进行无量纲化处理，消除因计量单位不同带来的影响；

（3）确定评价指标体系中每个指标的权重，使评价结果更加科学；

（4）将经过处理的数据进行汇总，计算得到综合评价指数或综合评价得分；

（5）对评价结果进行分析并得出结论。

根据计算方法的不同，综合评价法又分为打分综合法、打分排队法、综合指数法和功效系数法等。其中，打分综合法在固定资产投资质量评估中使用较为广泛。

（二）VAR 模型

向量自回归模型简称 VAR 模型，是用模型中所有当期变量对其滞后变量进行回归的计量分析方法。VAR 模型用来估计联合内生变量的动态关系，而不带有任何事先约束条件，是处理多个相关经济指标的分析与预测最容易操作的模型之一，因此得到广泛的应用。

两个变量的 VAR 模型数学表达式为：

$$\begin{pmatrix} y_t \\ x_t \end{pmatrix} = \begin{pmatrix} c_1 \\ c_2 \end{pmatrix} \begin{pmatrix} \phi_{11}^{(1)} \phi_{12}^{(1)} \\ \phi_{21}^{(1)} \phi_{22}^{(1)} \end{pmatrix} \begin{pmatrix} y_{t-1} \\ x_{t-1} \end{pmatrix} + \cdots + \begin{pmatrix} \varepsilon_y \\ \varepsilon_x \end{pmatrix}$$

全社会固定资产投资与其他经济指标间的长期稳定的匹配关系可以使用 VAR 模型进行分析，通过恰当的模型计算出相应的预测值与其实际值大小进行对比分析，由此来检验固定资产投资的可靠性。

（三）增速匹配法

固定资产投资是社会固定资产再生产的重要途径，其增长也和许多指标的增长有着紧密的联系，因此增速匹配法是从增速角度出发，考察全社会固定资产投资和其他关联指标的增速是否匹配，从而判断前者的可靠性。增速匹配法的主要指标有：

（1）建筑业营业税增速，固定资产投资的增加必然导致建筑行业的发展及其营业税的增加；

（2）中长期贷款余额增速，银行贷款是固定资产投资的重要资金来源；

（3）用电量增速（扣除城乡居民），固定资产投资包括建造和购置固定资产，其中建造固定资产必定会导致用电量的增加；

（4）投资统计数据质量，全社会固定资产投资数据的可靠性不仅和其他统计指标相关，更受到基层统计工作可靠程度的影响。

由上述 4 项指标进行加权平均得到投资增速初始值，并作为标准与全社会固定资产投资的实际增速进行比较，由此对后者的可靠性做出判断。

（四）Kendall 协和系数检验

为了反应指标间的一致程度，可以选择 Kendall 协和系数进行协调性检验。该系数不仅克服了 Pearson 相关系数依赖总体分布的缺点，还突破了线性关系的局限，从一致性角度描述变量间的关系。该系数不仅能检验 k 个相关样本是否来自统一总体，还能检验 b 个变量间的相关性。它反映了 k 个指标间相互关联的程度，即一致性程度，取值在 0 到 1 之间。Kendall 协和系数公式为：

$$W = T / \left[\frac{b^2 k(k^2 - 1)}{12} \right]$$

W 越接近 1，变量间的正相关性越好，即表现的一致性越强；反之，W 越接近 0，变量间正相关性越差，一致性越弱。

第二节　地区全社会固定资产投资可靠性实证研究

前文介绍了各种全社会固定资产可靠性评估的方法，本小节将利用《四川省统计年鉴》中的数据对这几种方法进行实证分析。

一、单指标评估方法

（一）对数正态分布检验法

在上节讨论对数正态分布检验法的基本概念时我们提到，大多数社会经济规模指标可以看作是近似服从对数正态分布的样本，并依此进行可靠性检验。

第一步，数据选取及预处理。由于对数正态分布检验法是单指标检验方法，因此我们选择的指标为 2014 年四川省 21 个地市州的全社会固定资产投资总额。将数据进行对数变换，结果如表 7－1 所示。

表 7－1　所选指标及对数变换后的结果　单位：亿元

地区	TIFA	lnTIFA
成都市	4 255.37	8.36
自贡市	320.09	5.77
攀枝花市	330.70	5.80
泸州市	460.40	6.13
德阳市	601.26	6.40
绵阳市	820.97	6.71
广元市	480.15	6.17
遂宁市	495.40	6.21
内江市	350.93	5.86
乐山市	510.05	6.23

续表

地区	TIFA	lnTIFA
南充市	656.66	6.49
眉山市	420.26	6.04
宜宾市	534.21	6.28
广安市	383.42	5.95
达州市	601.32	6.40
雅安市	370.67	5.92
巴中市	252.70	5.53
资阳市	401.13	5.99
阿坝自治州	362.41	5.89
甘孜自治州	211.11	5.35
凉山自治州	660.51	6.49

其中，*TIFA* 为全社会固定资产投资总额，ln*TIFA* 为全社会固定资产投资总额进行对数变换后的值。

第二步，对 ln*TIFA* 进行 K－S 检验。设立原假设和备择假设。H_0：ln*TIFA* 服从正态分布，备择假设 H_0：ln*TIFA* 不服从正态分布。

使用 SPSS21 进行检验分析，结果如表 7－2 所示。

表 7－2　　K－S 检验结果

单样本 Kolmogorov－Smirnov 检验		
		lntifa
N		21
正态参数[a,b]	均值	6.7887
	标准差	0.57101
最极端差别	绝对值	0.229
	正	0.229
	负	－0.135
Kolmogorov－Smirnov Z		1.051
渐近显著性（双侧）		0.219

注：a. 检验分布为正态分布；b. 根据数据计算得到。

由表 7－2 可以知，K－S 检验统计量为 1.051，P 值为 0.219，因此在显著性水平 $\alpha=0.05$ 的条件下接受原假设 H_0，认为 lnTIFA 服从正态分布，即 x 服从对数正态分布。

参照此检验过程，继续对 2010 年至 2013 年 4 年间的四川省 21 个地、市、州的全社会固定资产投资额进行对数正态分布检验，发现这 4 年的数据均通过了 K－S 检验，在显著性水平 $\alpha = 0.05$ 的条件下接受原假设H_0，检验结果汇总如表 7－3 所示。

表 7－3　　2010—2014 年数据 K－S 检验结果

年份	渐进显著性（双侧）	检验结果
2010	0.313	接受原假设
2011	0.318	接受原假设
2012	0.255	接受原假设
2013	0.222	接受原假设
2014	0.219	接受原假设

第三步，计算相对拟合误差。由上述检验可知，2010—2014 年的全社会固定资产投资近似服从对数正态分布，可以用对数正态分布对指标进行拟合，因此采用相对拟合误差检验指标的近似效果，来评判其可靠性高低。我们依据上述检验结果得出均值和标准差的估计值，并依此计算出 5 个年份相对拟合误差 β，如表 7－4 所示。

表 7－4　　2010—2014 年数据相对拟合误差

年份	均值	标准差	相对拟合误差
2010	6.19	0.60	0.89
2011	6.29	0.60	0.90
2012	6.47	0.59	0.91
2013	6.64	0.59	0.92
2014	6.79	0.57	0.93

表 7－4 显示，尽管 5 年间的指标都可以近似拟合对数正态分布，但是用对数正态分布去拟合实际数据时，相对拟合误差较大，拟合效果较差。

综上所述，可以认为近 5 年来（2010—2014 年）四川省发布的各地区全社会固定资产投资额近似服从对数正态分布，符合社会经济规模指标的一般规律，但实际数据的相对拟合误差较大，认为其可靠性有待商榷。

（二）灰色模型分析

灰色模型是比较常用的预测模型，因为其适用性强、准确性高和计算简单的特点，在各学科领域广泛使用。在对全社会固定资产投资可靠性的评估中，可以通过建立 GM（1，1）模型得到每一期的预测值并和真实值进行比较，检测二者的偏离程度，由此对指标可靠性进行评估。过程如下：

第一步，数据选取及预处理。此处采用 2000 年至 2014 年四川省全社会固定资产投资额进行实证分析。为了减小误差对原数据进行对数变换，得到模型分析的原序列：

$x^{(0)}=(7.25,7.36,7.50,7.68,7.88,8.15,8.42,8.68,8.94,9.39,9.52,9.62,9.80,9.95,10.07)$

第二步，级比检验。在建立模型之前，对其进行级比检验。依据公式

$$\sigma(k)=\frac{x^{(0)}(k-1)}{x^{(0)}(k)}k=2,3,\cdots,n$$

求得原数列的级比序列为：

$\sigma=$（0.98，0.98，0.98，0.97，0.97，0.97，0.97，0.97，0.95，0.99，0.99，0.98，0.98，0.98）

$e^{-\frac{2}{n+1}}=0.88$，$e^{\frac{2}{n+1}}=1.13$，序列 $\sigma\in(0.88,\ 1.13)$，因此认为原序列 $x^{(0)}$ 通过级比检验，可以建立 GM(1，1)模型。

第三步，建立 GM（1，1）模型。根据 3.1 节结果，对原序列建立的 GM(1，1) 预测模型为：

$$\frac{dx^{(1)}}{dt}+ax^{(1)}=\mu$$

我们借助 R 软件进行 GM(1，1)模型的参数估计，得出：

发展灰数：$a=0.01447511$，内生控制灰数：$\mu=6.14329$，

第四步，推算指标预测值及相对误差进行可靠性评估。将参数 a 和 μ 带入预测模型中求解，得出 $x(1)$ 和 $x(0)$ 的预测值，如表 7－5 所示。

表 7－5　灰色模型预测结果

年份	$x(1)$ 预测值	$x(0)$ 预测值
2000	7.25	7.25
2001	14.64	7.39
2002	22.22	7.58

续表

年份	$x(1)$ 预测值	$x(0)$ 预测值
2003	30.01	7.78
2004	37.99	7.98
2005	46.18	8.19
2006	54.59	8.41
2007	63.21	8.62
2008	72.06	8.85
2009	81.14	9.08
2010	90.46	9.32
2011	100.02	9.56
2012	109.82	9.81
2013	119.89	10.06
2014	130.21	10.33

依据以上预测的 $x(0)$ 的数值，最终得出全社会固定资产投资的预测值，与实际观测值相比差距如表 7－6 所示。

表 7－6　　全社会固定资产投资的观察值与预测值的比较结果

年份	全社会固定资产投资—观察值（亿元）	全社会固定资产投资—预测值（亿元）	相对误差	可靠程度
2000	1 403.85	1 403.85	0.00	—
2001	1 573.80	1 622.78	0.03	高
2002	1 805.20	1 967.25	0.09	高
2003	2 158.20	2 396.81	0.11	中
2004	2 648.46	2 935.22	0.11	中
2005	3 477.68	3 613.61	0.04	高
2006	4 521.74	4 472.94	0.01	高
2007	5 855.30	5 567.46	0.05	高
2008	7 602.40	6 969.42	0.08	高
2009	12 017.28	8 775.60	0.27	低
2010	13 581.96	11 116.36	0.18	低
2011	15 124.09	14 168.47	0.06	高

续表

年份	全社会固定资产投资—观察值（亿元）	全社会固定资产投资—预测值（亿元）	相对误差	可靠程度
2012	18 038.92	18 172.98	0.01	高
2013	21 049.15	23 460.89	0.11	中
2014	23 577.17	30 489.57	0.29	低

从表 7－6 可以看出，在四川省 14 年间的全社会固定资产投资观察值中，观察数据和预测数据相对误差较小，认为总体基本可靠，其中，较为偏离模型预测值的年份有 2009 年、2010 年和 2014 年。从图 7－1 中我们可以很直观的看出，四川省 2009 年和 2010 年全社会固定资产投资的数据偏高，而 2013 年和 2014 年的数据偏低。由于 2008 年全球经济危机，我国采取加大投资促进经济发展的政策，因此 2009 年和 2010 年的全社会固定资产投资适当偏高可以认为是合理可靠的。而在 2013 年，在经历多年高投资高增速之后，可持续发展的重要性日益凸显，四川省将全社会固定资产投资增速目标下调至 14%，以引导四川各地加快投资结构调整步伐，进一步优化投资结构，确保投资的质量和效益。因此在相关政策的引导下，2013 年和 2014 年的全社会固定资产投资有所减少，低于模型预测值也可认为合理。

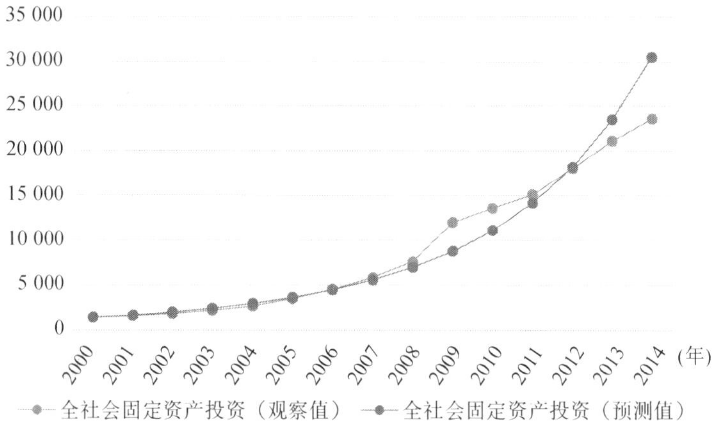

图 7－1　全社会固定资产投资的观察值与预测值的比较结果

二、多指标评估方法

（一）综合评价法

综合评价法是一种综合性的评价方法，由于其计算简单，结果全面可靠的特点，该方法被各地区统计局广泛使用。在对全社会固定资产投资数据可靠性的评估中，该方法主要利用与待评估指标的关联的内部指标和外部指标对其可靠性进行评估。

采用的计分方法主要有：

（1）平衡法。依据指标在不同时期的逻辑关系来评估该指标的数据可靠性，根据评估指标变动率的大小确定得分，分别计 5 分、4 分、3 分、2 分和 1 分。

（2）差异波动法。通过待评估指标的性质和特征确定标准值，依据指标与标准值之间的差异程度分别计 5 分、4 分、3 分、2 分和 1 分。

（3）主观评估法。通过对数据收集和处理的过程进行人工审核，依据材料和实际上报数据的吻合程度分别计 5 分、4 分、3 分、2 分、1 分。

由于综合评价法中较多指标获取困难，本小节仅对评估内容及具体操作方法进行详细分解和说明。

第一步，确定合理的指标体系。固定资产投资可靠性评估的综合评价法指标主要包括：核心指标、内部指标和外部指标。所建指标体系如表 7－7 所示。

表 7－7　　综合评价指标体系

核心指标	固定资产投资总量及增速
内部指标	亿元以上项目投资占固定资产投资比重（x_{11}）
	亿元以上项目投资增速与固定资产投资增速的协调性（x_{12}）
	固定资产投资增速波动情况（x_{13}）
	新入库项目上报的材料的可靠性（x_{14}）
外部指标	营业税推算的建筑业营业收入占建安工程投资比重（x_{21}）
	建筑业营业税的增速与建安工程投资增速的协调性（x_{22}）
	金融机构中长期贷款余额占全社会固定资产投资比重（x_{23}）
	金融机构中长期贷款余额增速与固定资产投资增速的协调性（x_{24}）
	固定资产投资占 GDP 比重（x_{25}）

第二步，依据上述所选指标的性质，确定指标计分方法和权重。如表7－8所示。

表7－8 评价指标计分方法及权重

指标	计分方法	权重
亿元以上项目投资占固定资产投资比重（x_{11}）	差异波动法	5%
亿元以上项目投资增速与固定资产投资增速的协调性（x_{12}）	差异波动法	3%
固定资产投资增速波动情况（x_{13}）	平衡法	10%
新入库项目上报的材料的可靠性（x_{14}）	主观评价法	10%
营业税推算的建筑业营业收入占建安工程投资比重（x_{21}）	差异波动法	20%
建筑业营业税的增速与建安工程投资增速的协调性（x_{22}）	差异波动法	20%
金融机构中长期贷款余额占全社会固定资产投资比重（x_{23}）	差异波动法	2%
金融机构中长期贷款余额增速与固定资产投资增速的协调性（x_{24}）	差异波动法	5%
固定资产投资占 GDP 比重（x_{25}）	差异波动法	25%

具体计算和评估的方法如下：

（1）亿元以上项目投资占固定资产投资比重(X_{11})：以报告期全省亿元以上项目（包括房地产项目）投资占固定资产投资的比重，按照各地市州该指标所占比重与全省标准值的差异程度进行评估。

（2）亿元以上项目投资增速与固定资产投资增速的协调性(X_{12})：以报告期全省亿元以上项目（包括房地产项目）投资增速与固定资产投资增速差作为标准值，按照各地市州增速差与标准值的差值大小，对各地数据可靠性进行评估。

（3）固定资产投资增速波动情况(X_{13})：计算各地市州相邻两期固定资产投资的增速差按照差异程度进行评价。

（4）新入库项目上报的材料的可靠性(X_{14})：统计部门对各地新入库的亿元以上项目（包括房地产项目）的材料进行审核，对材料内容和上报数据的吻合程度进行评估。

（5）营业税推算的建筑业营业收入占建安工程投资比重(X_{21})：以报告期全省的比重为标准值，按照各地市州与标准值的差异程度进行评估。

（6）建筑业营业税的增速与建安工程投资增速的协调性(X_{22})：分别计算两个指标在报告期的差值，按照差值大小进行评估。

（7）金融机构中长期贷款余额占全社会固定资产投资比重(X_{23})：以报告

期全省比重为标准值，对各地市州数据按照差异程度进行评估。

（8）金融机构中长期贷款余额增速与固定资产投资增速的协调性（X_{24}）：计算两个指标的增速差按照差异程度对各地市州进行评价。

（9）固定资产投资占 GDP 比重（X_{25}）：以报告期全省比重为标准值，按照各地比重与标准值的差异程度进行评估。

第三步，得到各指标得分后，通过加权平均计算出最后的综合评估分数，并进行排名和分析。

（二）VAR 模型

地区的全社会固定资产投资与较多指标具有相互关联相互影响的作用，而 VAR 模型恰好适合检测评估该种特征。本小节我们从来源角度，考虑全社会固定资产投资额与固定资产投资资金来源中的国内贷款的关联性，采用 VAR 模型验证二者之间的关系，由此进行可靠性评估。下面将借助 Eviews7.2 软件，使用四川省全社会固定资产投资数据对模型进行实证分析。

第一步，数据选取及预处理。与全社会固定资产投资相关的经济指标较多，从资金来源角度来看，我们选取地区生产总值这一指标与全社会固定资产投资进行分析，如表 7－9 所示。

表 7－9　1980—2014 年四川省全社会固定资产投资和地区生产总值（亿元）

年份	GDP	TIFA	年份	GDP	TIFA
1980	229.31	32	1992	1 177.27	304.78
1981	242.32	40.53	1993	1 486.08	459.4
1982	275.23	44.1	1994	2 001.41	573.43
1983	311	51.62	1995	2 443.21	677.34
1984	358.06	70.09	1996	2 871.65	803.79
1985	421.15	109.66	1997	3 241.47	949.3
1986	458.23	112.76	1998	3 474.09	1 145.33
1987	530.86	140.18	1999	3 649.12	1 224.4
1988	659.69	158.51	2000	3 928.2	1 418.04
1989	744.98	152.4	2001	4 293.49	1 617.52
1990	890.95	162.66	2002	4 725.01	1 902.72
1991	1 016.31	204.28	2003	5 333.09	2 336.34

续表

年份	GDP	TIFA	年份	GDP	TIFA
2004	6 379.63	2 818.42	2010	17 185.48	13 116.72
2005	7 385.1	3 585.18	2011	21 026.68	14 222.22
2006	8 690.24	4 412.88	2012	23 872.8	17 040
2007	10 562.39	5 639.8	2013	26 392.07	20 326.11
2008	12 601.23	7 127.81	2014	28 536.66	23 318.57
2009	14 151.28	11 371.87			

第二步，单位根检验。首先，为了减小误差，对原变量进行对数变换。为了避免出现伪回归，我们要对数据的平稳性进行判断。为此我们对变换后的数据采用 ADF 检验。检验结果如表 7 - 10 所示。

表 7 - 10　　单位根检验结果

变量	检验方式	ADF 检验值	1% 临界值	5% 临界值	10% 临界值	P 值	结论
LNPGDP	(C, T, 0)	-2.56939	-4.26274	-3.55297	-3.20964	0.2956	不平稳
DLNPGDP (-1)	(C, 0, 0)	-3.21535	-4.25288	-2.95402	-2.95402	0.028	平稳
LNTIFA	(C, T, 0)	-3.36713	-4.26274	-3.55294	-3.20964	0.0734	不平稳
DLNTIFA (-1)	(C, 0, 0)	-4.37353	-3.64634	-2.95402	-2.61582	0.0015	平稳

从表中我们可以发现，四川省地区生产总值与全社会固定资产投资的一阶差分的 t 统计量均小于临界值，是通过单位根检验的，所以认为它们的一阶差分不存在单位根，是平稳的序列。

第三步，Granger 因果检验。Granger 因果检验是一种用来分析某一序列的变化是否是另一序列的变化原因，或某一序列的变化是否是另一序列变化导致的结果的一种方法。前面我们对四川省全社会固定资产投资和地区生产总值进行了单位根检验，得出了这两个变量的一阶差分是平稳的。因此，可以对二者进行 Granger 因果关系的检验。我们选取 1 到 4 的滞后期，对四川省全社会固定资产投资和地区生产总值进行 Granger 因果检验，检验结果如表 7 - 11 所示。

表 7 - 11　　Granger 因果检验结果

原假设	滞后阶数	观察值	F 值	P 值	结论
LNGDP 不是 LNTIFA 的 Granger 原因	1	35	1.6524	0.2082	接受
LNTIFA 不是 LNGDP 的 Granger 原因			3.38079	0.0756	拒绝

续表

原假设	滞后阶数	观察值	F 值	P 值	结论
LNGDP 不是 LNTIFA 的 Granger 原因	2	34	2.20039	0.1296	接受
LNTIFA 不是 LNGDP 的 Granger 原因			2.58261	0.0935	拒绝
LNGDP 不是 LNTIFA 的 Granger 原因	3	33	1.03188	0.3954	接受
LNTIFA 不是 LNGDP 的 Granger 原因			1.46846	0.2471	接受
LNGDP 不是 LNTIFA 的 Granger 原因	4	32	0.71352	0.5915	接受
LNTIFA 不是 LNGDP 的 Granger 原因			1.12206	0.3716	接受

检验结果说明：在 0.1 的显著性水平下，第 1 期和第 2 期全社会固定资产投资是地区生产总值的 Granger 原因，第 3 期以后二者互不为 Granger 原因。因此，我们可以认为短期内（滞后 2 期以内）全社会固定资产投资是地区生产总值的 Granger 原因。

第四步，构建向量自回归模型。在经过以上的处理和分析，我们对差分后的两个变量建立向量自回归模型。为确定模型的滞后阶数，我们对滞后期为 0 至 5 阶的模型进行滞后结构检验，所得数据如表 7 - 12 所示。

表 7 - 12　　滞后结构检验结果

Lag	LogL	LR	FPE	AIC	SC	HQ
0	67.70257	NA	3.69E - 05	- 4.53121	- 4.43692	- 4.50168
1	74.4524	12.10315*	3.06e - 05*	- 4.720855*	- 4.437966*	- 4.632258*
2	75.98111	2.530274	3.65E - 05	- 4.55042	- 4.07894	- 4.40276
3	77.4525	2.232465	4.40E - 05	- 4.37604	- 3.71596	- 4.16931
4	82.68586	7.218426	4.13E - 05	- 4.46109	- 3.61243	- 4.1953
5	87.9184	6.495567	3.94E - 05	- 4.5461	- 3.50884	- 4.22124

由检验结果可以看出，显然滞后 2 期的回归效果最优，因此我们选择滞后 2 期的模型为最终确定的向量自回归模型：

$$\begin{pmatrix} DLNTIFA \\ DLNGDP \end{pmatrix} = \begin{pmatrix} 0.150125 \\ 0.051870 \end{pmatrix} + \begin{pmatrix} 0.291103 & -0.05438 \\ 0.116904 & 0.488344 \end{pmatrix} \begin{pmatrix} DLNTIFA_{t-1} \\ DLNGDP_{t-1} \end{pmatrix} + \begin{pmatrix} -0.195929 & 0.245746 \\ 0.062107 & -0.091671 \end{pmatrix} \begin{pmatrix} DLNTIFA_{t-2} \\ DLNGDP_{t-2} \end{pmatrix}$$

得出模型后我们对模型的稳定性进行检验，结果如图 7 - 2 所示。

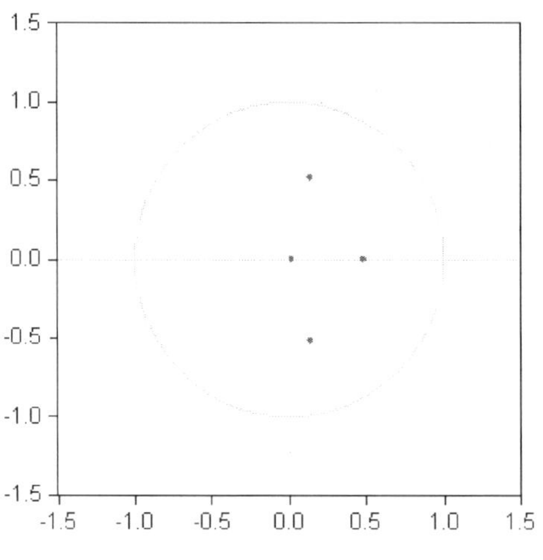

图 7－2 VAR 模型稳定性检验结果

检验结果显示，模型所有根的模的倒数都在单位圆内，认为上述 VAR 模型稳定。

第五步，推算指标预测值及相对误差进行可靠性评估。根据上步中估计出的模型，对四川省全社会固定资产投资进行预测估算，并计算相对误差判断可靠程度。由于 VAR 模型的是利用一阶差分后的数据建模并且滞后阶数为 2，因此无法估算前三期的预测值，具体结果如表 7－13 所示。

表 7－13 VAR 模型预测值、相对误差和可靠程度判断

年份	DLNTIFA 预测值	LNTIFA 预测值	TIFA 预测值（亿元）	相对误差（%）	可靠程度
1983	0.14	3.92	50.48	0.02	高
1984	0.20	4.15	63.31	0.10	高
1985	0.23	4.48	88.28	0.20	低
1986	0.25	4.94	140.29	0.24	低
1987	0.11	4.83	125.35	0.11	中
1988	0.22	5.16	174.81	0.10	中
1989	0.17	5.23	187.43	0.23	低
1990	0.16	5.19	179.09	0.10	中
1991	0.20	5.29	198.07	0.03	高
1992	0.24	5.56	259.82	0.15	中
1993	0.25	5.97	389.90	0.15	中
1994	0.21	6.34	569.39	0.01	高

续表

年份	DLNTIFA 预测值	LNTIFA 预测值	TIFA 预测值（亿元）	相对误差（%）	可靠程度
1995	0.18	6.53	683.32	0.01	高
1996	0.22	6.74	841.89	0.05	高
1997	0.21	6.90	989.19	0.04	高
1998	0.20	7.05	1 157.33	0.01	高
1999	0.20	7.24	1 396.36	0.14	中
2000	0.15	7.26	1 418.48	0.00	高
2001	0.19	7.44	1 711.10	0.06	高
2002	0.17	7.56	1 922.91	0.01	高
2003	0.19	7.74	2 296.85	0.02	高
2004	0.20	7.95	2 839.45	0.01	高
2005	0.18	8.13	3 389.53	0.05	高
2006	0.22	8.40	4 465.15	0.01	高
2007	0.19	8.58	5 339.27	0.05	高
2008	0.21	8.85	6 959.25	0.02	高
2009	0.21	9.08	8 780.86	0.23	低
2010	0.28	9.62	15 005.84	0.14	中
2011	0.12	9.60	14 760.96	0.04	高
2012	0.18	9.75	17 069.39	0.00	高
2013	0.23	9.97	21 437.12	0.05	高
2014	0.19	10.11	24 623.24	0.06	高

从表中可以看出，较多年份的全社会固定资产投资的可靠性较高；有 7 个年份的数据可靠性中等；有 4 个年份的数据可靠性偏低，具体偏离方向如表 7－14 所示。

表 7－14　　不可靠数据偏离方向汇总

偏离方向	高估	低估
年份	1986 年 1988 年 1989 年 1990 年 1999 年 2010 年	1985 年 1987 年 1992 年 1993 年 2009 年

从结果来看，可靠性中等及偏低的年份主要集中1985—1993年，可能由于系统误差导致；而我国为应对2008年的全球经济危机，加大投资以维持国民经济稳定，因此2009年的四川省全社会固定资产投资较高，导致了评估结果中2009年和2010年的数据可靠性降低。

从相对误差的波动情况来看，2000年以后，除2009年和2010年两个特殊年份外，四川省全社会固定资产投资与预测值的相对误差基本保持在0.6以下，数据的可靠性基本稳定在一个较高的水平，如图7－3所示。

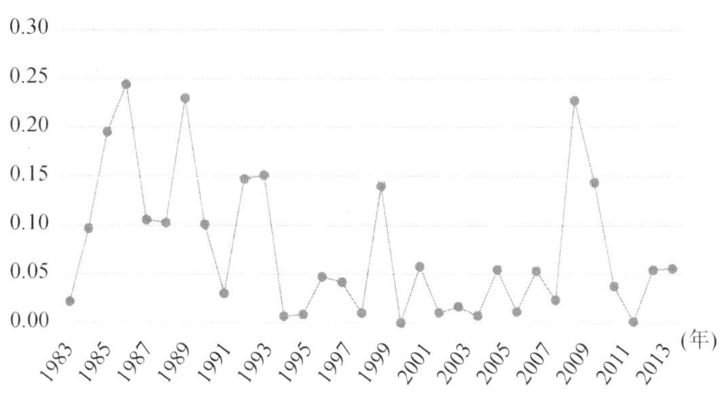

图7－3 相对误差波动情况

（三）增速匹配法

增速匹配法是从指标的增速角度出发，借助其他指标及其增速，通过计算确定待评估指标的标准值，对指标的可靠性进行评估。

第一步，确定合理的指标体系。固定资产投资是社会固定资产再生产的重要途径，其增长也和许多指标的增长有着紧密的联系，如建筑业营业税、中长期贷款余额和用电量等。由此确立指标体系如表7－15所示。

表7－15 评价指标及权重 单位:%

指标	权重
建筑业营业税增长速度	50
中长期贷款余额增长速度	20
用电量增速（扣除城乡居民）	20
投资统计数据质量	10

由于上表中部分指标的数据获取困难，因此本节假定有三个待评估城市，即A市、B市和C市。获取的三市具体数据如表7－16所示。

表 7-16　　评价指标数据　　单位：%

地区	A 市	B 市	C 市
建筑业营业税增长速度	-1.70	-6.59	-8.59
中长期贷款余额增长速度	12.97	28.70	30.42
用电量增速（扣除城乡居民）	5	15	30
投资统计数据质量	80	80	90
全社会固定资产投资增速	1.83	12.42	20.80

第二步，计算增速标准值及相对误差。由上表数据，通过加权平均的方法，推算三个市的全社会固定资产投资增速的标准值，并与实际观察值相比较，如表 7-17 所示。

表 7-17　　全社会固定资产投资增速的观察值与标准值的比较结果　　单位：%

地区	全社会固定资产投资增速（观察值）	全社会固定资产投资增速（标准值）	相对误差
A 市	1.83	10.74	82.97
B 市	12.42	13.45	7.67
C 市	20.80	16.79	23.89

从评估结果来看，若规定误差范围在 10% 以内为合格，那么 3 个地区中通过评估的只有 B 市，为 7.67%，数据可靠性较高；而 A 市的评估结果最不理想，相对误差为 82.97%，实际获得的全社会固定资产投资增速仅为 1.83%，远远低于本方法计算的标准值；此外，C 市的数据可靠性偏低，观察值与标准值相差 4.01 个百分点，相对误差为 23.89%。

综上所示，我们可以认为 B 市的全社会固定资产投资的可靠性较高，其次为 C 市，A 市数据的可靠性最低。

（四）Kendall 协和系数

Kendall 协和系数检验是用于检验变量间相关关系的一种方法，全社会固定资产投资与其他变量间的协调一致性也可以用该方法进行检验，从而评判其可靠性。

第一步，指标选取。全社会固定资产投资和较多指标具有关联性，考虑到数据的可获得性，本小节选择 1990—2014 年四川省全社会固定资产投资额（TIFA）、国内生产总值（GDP）和建筑业总产值（GOVC）进行实证分析。

第二步，Kendall 协和系数检验。首先，我们提出原假设和备择假设。原假设H_0：TIFA、GDP 和 GOVC 不相关，备择假设H_1：TIFA、GDP 和 GOVC 相关。然后利用 SPSS22 对 3 个变量进行 Kendall 协和系数检验，计算出 W 协同系数，检验结果如图 7－4 所示。

总计N	25
Kendall's W	1.000
检验统计量	50.000
自由度	2
渐进显著性（2-sided 检验）	.000

图 7－4 Kendall 协和系数检验结果

由图 7－4 可知，W 协和系数为 1.00，p 值远小于 0.001，因此应该选择拒绝原假设，认为四川省全社会固定资产投资额、国内生产总值和建筑业总产值是相关的，具有一致性，四川省全社会固定资产投资数据具有一定可靠性。

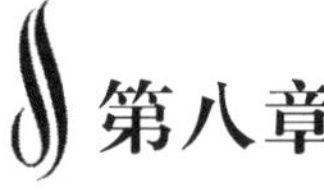

第八章 社会消费品零售总额数据可靠性评估

第一节　社会消费品零售总额可靠性评估方法

社会消费品零售总额的统计调查对象为从事商品零售活动或提供餐饮服务的法人企业、产业活动单位和个体户。其中，限额以上企业（单位）是指年主营业务收入2 000万元及以上的批发业企业（单位）、500万元及以上的零售业企业（单位）、200万元及以上的住宿和餐饮业企业（单位）。

社会消费品零售总额的统计调查方法是采用全面统计方法和抽样调查两种方法相结合。按照国家统一规定的划分标准，限额以上的批发和零售业、住宿和餐饮业单位建立名录库，实施全面统计调查，由这些企业按月向当地政府统计部门报送统计报表，逐级汇总而得。限额以下批发和零售业、住宿和餐饮业采用抽样调查推算。限额以上与限额以下的社会消费品零售额汇总，就形成了社会消费品零售总额。

经过多年的实践，社会消费品零售总额的统计形成了一套比较完整、科学的方法体系和严格的管理制度。限上企业逐一进行调查，通过网上方式直报。对限下企业和个体户采用抽样调查的方法，在调查组织、网点抽选、调查资料采集、调查资料审核、调查资料汇总、调查结果发布等各个流程都日趋完善。

本章中，我们分别针对年度、季度和月度社会消费品零售总额数据进行可靠性评估。对于年度数据，我们主要从数据协调性角度出发进行实证评估，对于季度数据和月度数据，主要从数据匹配性角度出发进行实证评估。

一、年度数据

对于社会消费品零售总额年度数据，我们主要从指标协调性角度出发，将地区社会消费品零售总额数据与与其具备高度相关的经济指标数据进行对比，通过观察和验证它们之间的协调性程度，对社会消费品零售总额数据的质量，亦即可靠性做出评估判断。

本书主要是检验社会消费品零售总额与地区生产总值（GDP）、城镇居民人均可支配收入以及商品零售价格等经济指标之间的协调性。与第六章中对地区工业增加值的评估相同，我们采用 Kendall 协和系数和协调度模型进行分析。

（一）Kendall 协和系数

为了反应指标间的一致程度，可以选择 Kendall 协和系数进行协调性检验。该系数不仅能检验 k 个相关样本是否来自统一总体，还能检验 b 个变量间的相关性。它表示的是 K 个指标间相互关联的程度（一致性程度），取值在 0 到 1 之间。

Kendall 协和系数公式为：

$$W = T/\left[\frac{b^2k(k^2-1)}{12}\right]$$

当 W 愈接近 1，变量间的正相关性愈好，即表现的一致性愈强；反之，当 W 愈接近 0，变量间正相关性愈差，一致性愈弱。

（二）协调度模型分析

协调度是度量系统之间或系统内部要素之间协调状况好坏的定量指标。我们同样设定社会消费品零售总额与相关经济指标的协调度模型为：

$$c_{xy} = (x+y)/\sqrt{x^2+y^2}$$

其中，x 为社会消费品零售总额增长速度，y 为其他相关经济指标变化速率。协调度的值越接近于 1.4 代表社会消费品零售总额与相关经济指标的协调度越高。

二、季度数据

我们可以从时间维度上考察社会消费品零售总额数据质量的可比和衔接两个特征，即社会消费品零售总额数据质量在时间前后应该可比和衔接，所以时间数据符合一定的模型形式。从全社会的消费情况来看，社会消费品零售总额发生在流通领域，其必要依赖于一定的流通环节而存在，这种流通环节包括一般情况下不会发生突然改变，所以这种变化只能是渐进性变化，即社会消费品零售总额符合特定的时间序列模式，与其自身前期数据有较强的相关性。基于此可以利用时间序列模型探索其中的自相关的特点，然后对社会消费品零售总额数据的可靠性进行评估。

同时，国内外大量文献研究表明，对于季度社会消费品零售总额，ARIMA 模型有较好的拟合优度和估计精度，故本研究采用拟合 ARIMA 模型来对社会消费品零售总额季度数据进行预测，从而对其数据可靠性进行实证评估。

三、月度数据

对于社会消费品零售总额月度数据，由于其相比年度数据通常不具备较为明显的变化趋势，上述协调性分析方法对于其适用性较低，在实际评估工作中，我们可以这样思考：

社会消费品零售总额的变动与城镇居民人均可支配收入、农村居民人均现金收入、城镇居民人均商品性消费支出、农村居民人均现金收入中商品性消费支出、商品零售价格指数、地区生产总值增长速度、轻工业总产值增长速度等指标的变动密切相关。因此，各地区可以对辖区内每月零售总额与以上相关指标之间的协调性进行评估，对于零售额及其增速与上述指标协调性较差的情况再做进一步分析，从而对社会消费品零售总额数据的可靠性加以保障。

对于月度数据，我们还可以采用季节变动模型评价法进行可靠性实证评估研究。其方法主要是将引起社会消费品零售额时间序列变动的因素分解为趋势因素、季节因素和随机因素，并通过指数平滑法对趋势变动、季节变动进行测算，从而得到社会消费品零售额的预测值，然后计算预测值与观测值之间的误差波动情况，据此对当前社会消费品零售总额数据的可靠性进行评估。

第二节 社会消费品零售总额可靠性实证评估

一、年度数据可靠性实证评估

（一）社会消费品零售总额与相关经济指标的协调度分析

社会消费品零售总额作为国民消费的一部分，是计算 GDP 的重要组成部分，与 GDP 具备高度密切的关系。同时，社会消费品零售总额与居民收入以及物价水平也具有较为显著地互动关系。

居民可支配收入是通过大量居民家庭实际记账统计来的。中国有 13 亿多人口，大约有近 5 亿个家庭，我们不需要把 5 亿户的家庭一户一户地进行调查。只要选择一部分要有代表性家庭进行调查，就能基本上反映中国城乡居民的收入和支出情况，反映居民的生活状况和水平。

图 8－1 和图 8－2 显示，2002 年至 2012 年间，四川省社会消费品零售总额与 GDP、城镇居民人均可支配收入的整体走势大致相同，不存在明显的差异，这基本符合经济理论知识。

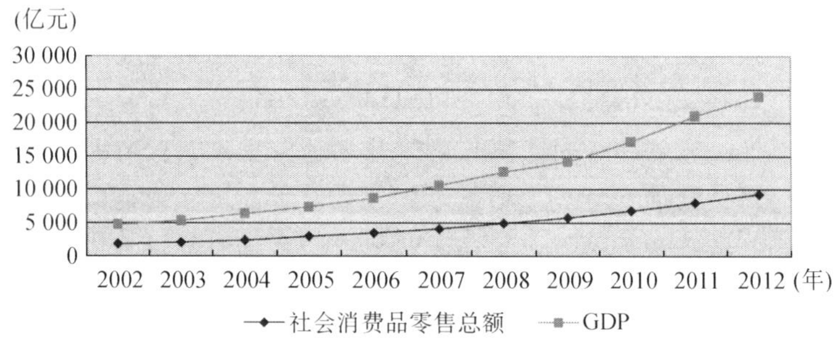

图 8－1　社会消费品零售总额与 GDP 走势

图 8－3 显示，社会消费品零售总额与 GDP、城镇居民人均可支配收入的 Pearson 系数均高达 0.098。图 8－4 也可以看出，P 值等于 0.001，Kendall W

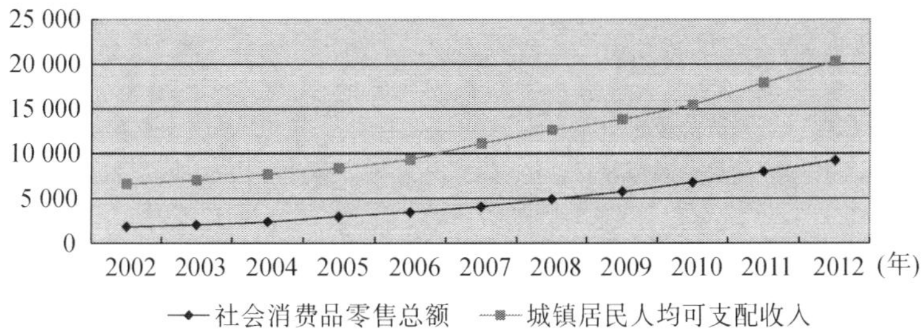

图8－2　社会消费品零售总额（亿元）与城镇居民人均可支配收入（元）走势

系数为1.000，这说明四川省社会消费品零售总额与GDP、城镇居民人均可支配收入具备高度的相关性，再次证明其与经济理论是相符合的。

相关性

		社会消费品零售总额	地区生产总值	城镇居民人均可支配收入
社会消费品零售总额	Pearson相关性	1	0.998**	0.998**
	显著性（双侧）		0.000	0.000
	N	10	10	10
地区生产总值	Pearson相关性	0.998**	1	0.998**
	显著性（双侧）	0.000		0.000
	N	10	10	10
城镇居民人均可支配收入	Pearson相关性	0.998**	0.998**	1
	显著性（双侧）	0.000	0.000	
	N	10	10	10

注：**表示在0.01水平（双侧）上显著相关。

图8－3　相关性检验

Kendall W 检验

秩

	秩均值
社会消费品零售总额	1.00
国民生产总值	2.00

检验统计量

N	11
Kendall W[a]	1.000
卡方	11.000
df	1
渐近显属性	0.001

a. Kendall 协同系数

Kendall W 检验

秩

	秩均值
社会消费品零售总额	1.00
城镇居民人均可支配收入	2.00

检验统计量

N	11
Kendall W[a]	1.000
卡方	11.000
df	1
渐近显属性	0.001

a. Kendall 协同系数

图8－4　Kendall W 检验

2003—2012年四川省社会消费品零售总额等相关数据环比增长速度如表

8－1 所示。

表 8－1　环比增长速度　单位：%

年份	社会消费品零售总额	GDP	城镇居民人均可支配收入
2003	13.03	12.87	6.52
2004	14.01	19.62	9.49
2005	25.99	15.76	8.77
2006	15.62	17.67	11.50
2007	18.23	21.54	18.70
2008	20.44	19.30	13.83
2009	16.46	12.30	9.55
2010	18.26	21.44	11.72
2011	17.57	22.35	15.77
2012	15.76	13.54	13.45

由图 8－5 可以看出，四川省社会消费品零售总额与 GDP 的增长并不完全一致。一般情况下，社会消费品零售总额与 GDP 增长率呈正相关关系，即社会消费品零售总额变化率提高（或降低），GDP 增长率也随之提高（或降低）。但是，2005 年和 2006 年，社会消费品零售总额与 GDP 的增长趋势差异明显，2007 年开始，二者增长趋势较为同步。

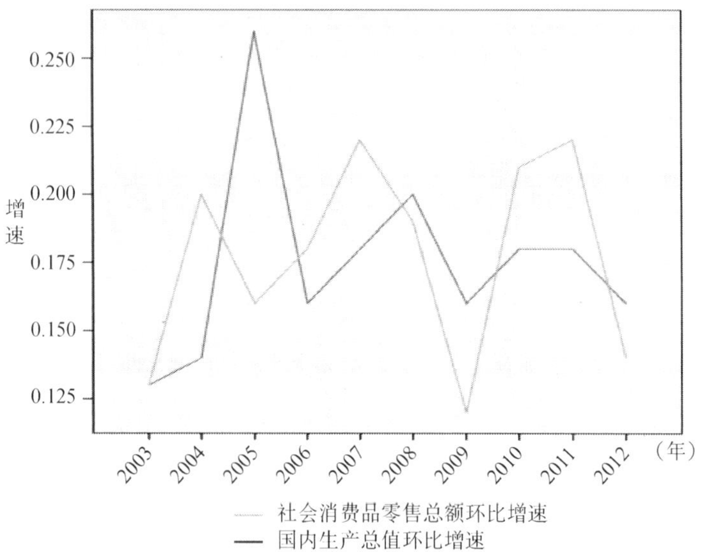

图 8－5　环比增长速度

由图 8－6 可以看出，四川省社会消费品零售总额与城镇居民人均可支配收入的增长趋势较为一致。但 2007 年，城镇居民人均可支配收入的增长速度超过了社会消费品零售总额增长速度。

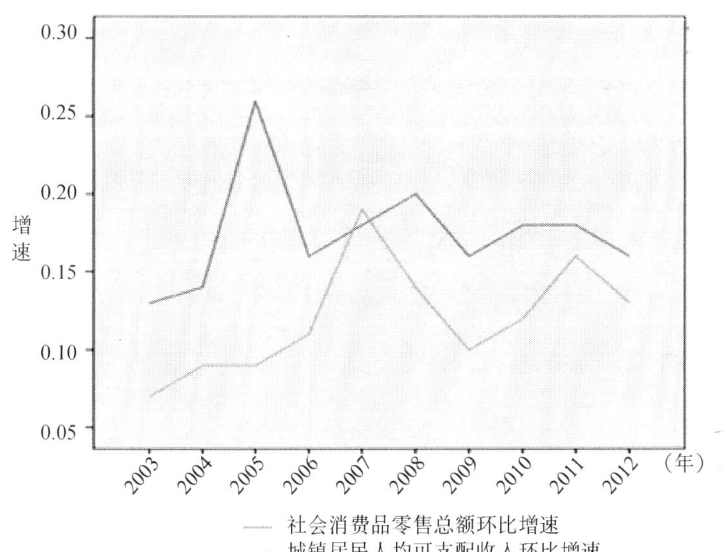

图 8－6　环比增长速度

如图 8－7 和图 8－8 所示，2003—2012 年，大多数年份协调度均在 1.4 左右，仅 2005 年社会消费品零售总额与城镇居民人均可支配收入增长数据协调略低，数据协调性非常优良，没有出现较为明显的异常值，由此初步判定，近 10 年间的社会消费品零售总额年度数据可靠性较高。

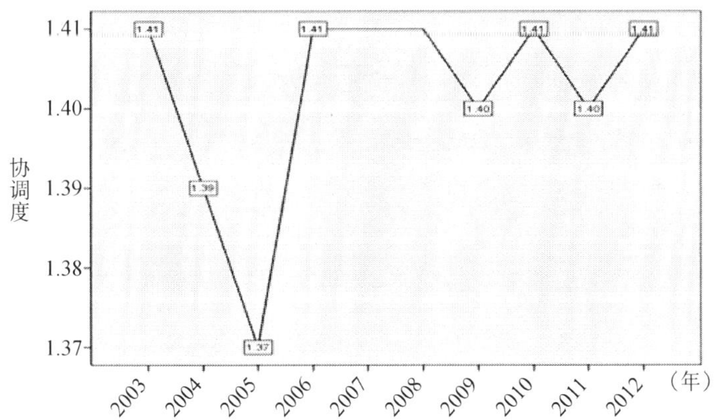

图 8－7　社消零增速与 GDP 增速的协调度

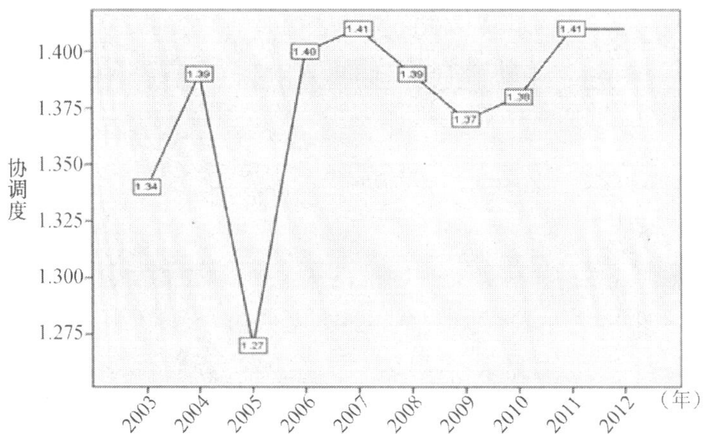

图 8－8　社消零增速与城镇居民人均可支配收入增速的协调度

（二）四川社会消费品零售总额与同类地区的协调度分析

四川与贵州、云南、湖北、湖南四省地缘相邻、人文相近、血脉相通，四个地区的居民生活习惯和消费水平等方面具有较高的相似度，故本部分分别将四川省与上述四省的社会消费品零售总额数据进行横向对比，对不同地区间数据的协调度进行分析，以期发现社会消费品零售总额数据在各个时间点上的差异。

由图 8－9 至图 8－12，结合表 8－2 可知，四川省与贵州、云南、湖北、湖南四省的社会消费品零售总额环比增长趋势高度相似，仅四川省在 1997 年出现了负增长，与其余四省的增长出现了较为明显的偏差。

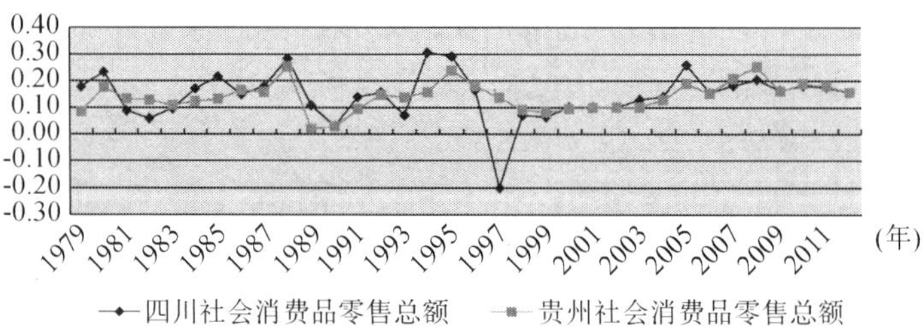

图 8－9　四川与贵州社会消费品零售总额环比增速

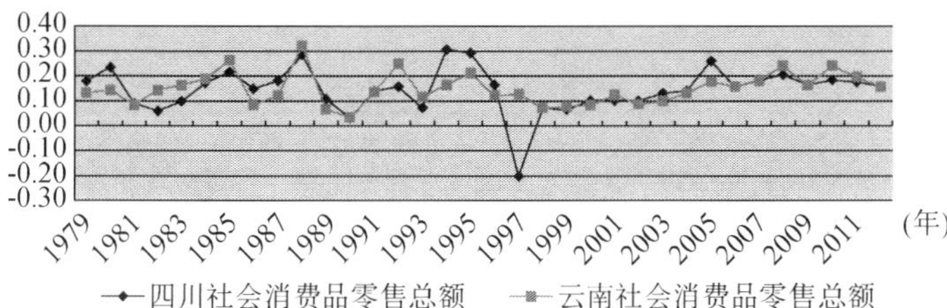

图 8-10 四川与云南社会消费品零售总额环比增速

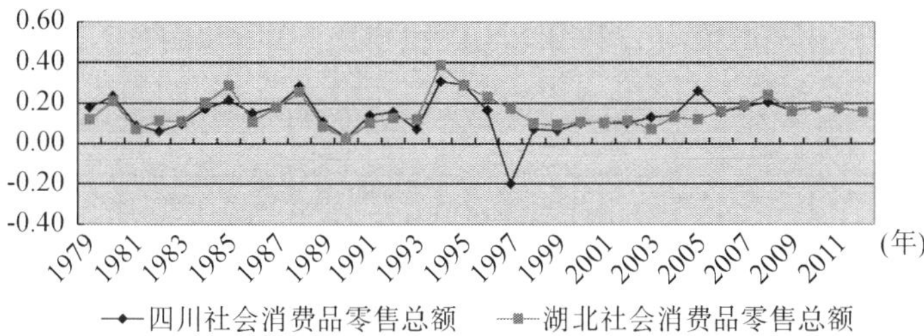

图 8-11 四川与湖北社会消费品零售总额环比增速

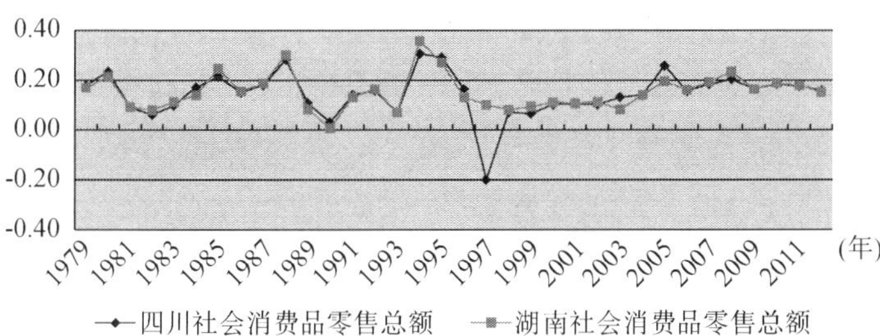

图 8-12 四川与湖南社会消费品零售总额环比增速

表 8-2 四川省与同类地区社会消费品零售总额环比增长速度 单位：%

年份	四川	贵州	云南	湖北	湖南
1979	17.91	8.51	13.21	11.68	16.94
1980	23.40	17.65	14.32	20.91	21.35
1981	8.95	13.33	8.35	7.26	9.11
1982	5.98	12.94	14.35	11.31	7.87
1983	9.75	10.94	16.29	10.91	11.12
1984	17.14	12.44	18.84	20.05	13.77
1985	21.64	13.15	26.29	28.71	24.77
1986	14.91	16.61	8.48	10.79	15.45

续表

年份	四川	贵州	云南	湖北	湖南
1987	18.02	15.82	12.17	17.94	18.66
1988	28.36	25.41	32.28	25.51	30.18
1989	10.76	2.07	6.60	8.44	8.16
1990	3.10	2.88	3.38	2.49	0.67
1991	14.03	9.34	13.61	10.16	13.19
1992	15.68	14.80	24.92	12.56	16.35
1993	7.13	13.80	11.64	12.10	7.12
1994	30.63	15.83	16.46	38.80	35.82
1995	29.20	23.89	21.18	28.76	26.94
1996	16.48	18.17	12.07	22.96	13.14
1997	-19.96	13.70	12.77	17.42	9.94
1998	7.11	9.19	7.09	10.12	8.04
1999	6.47	8.24	7.76	9.16	9.23
2000	10.21	9.53	8.20	10.65	11.02
2001	10.28	9.98	12.38	10.38	10.73
2002	10.10	10.11	8.53	11.30	11.10
2003	13.03	10.24	10.01	7.29	8.18
2004	14.01	12.82	13.09	13.09	13.96
2005	25.99	18.95	17.67	11.94	19.54
2006	15.62	15.32	15.70	15.91	15.97
2007	18.23	20.87	18.07	18.92	19.16
2008	20.44	25.29	24.06	24.15	23.50
2009	16.46	16.01	16.23	16.02	16.37
2010	18.26	18.87	23.95	18.31	18.84
2011	17.57	18.14	19.50	17.98	17.90
2012	15.76	15.76	15.59	15.56	15.07

1997年，东南亚金融危机爆发，中国出现中度通货膨胀，因此社会消费品零售总额应该出现一定程度的上涨，而四川省出现了大幅下跌，其背后原因可能是四川与全国物价走势存在比较明显的时滞性。为了治理严重的通货膨胀，我国从1995年开始实行适度从紧的财政政策和货币政策，整顿金融秩序、控制投资规模，国民经济开始了为期3年的“软着陆”，物价也随之开始回

落。1997 年 3 月，全国物价同比上涨 4.0%，回落到 5% 的通货膨胀警戒线下，四川物价则滞后 3 个月在 1997 年 7 月回落到通货膨胀警戒线下。可见经历了严重通货膨胀后的四川物价水平回落速度是慢于全国物价回落速度的，时滞现象明显。

图 8－13 中箱线图可以大致表明，四川等五省的社会消费品零售总额年度数据可靠程度较高。但是，四川 1994 年数据、云南 1988 年数据、湖北 1994 年数据、湖南 1994 年数据存在异常，其可靠性值得怀疑。

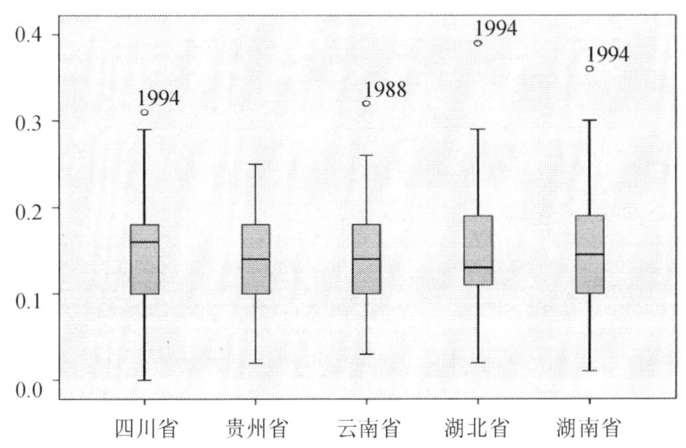

图 8－13　各地区社会消费品零售总额环比增速箱线图

二、季度数据可靠性实证评估

（一）基于调整系数法和综合评分方法的实证评估

本部分选取四川省 2014 年第一季度的四川各市、州社会消费品零售总额增速数据进行评估。经过测算、对比和研究，基于科学性与可行性相结合原则，我们选取与社会消费品零售总额高度相关的城镇居民人均可支配收入和城镇居民人均消费性支出二项指标作为评判指标；根据与社会消费品零售总额指标相关程度，城镇居民人均可支配收入、城镇居民人均消费性支出指标权重分别设定为 0.2、0.8。

（1）计算各市州社会消费品零售总额增速折算系数（K）。首先将全省及各市、州城镇居民人均可支配收入（X）、城镇居民人均消费性支出（Y）二项指标发展速度进行加权计算，然后将各市、州的加权发展速度除以全省的加权发展速度，得出各市、州社会消费品零售总额增速折算系数。公式为：

$$K_{市、州}=\frac{X_{市、州}\times 0.2+Y_{市、州}\times 0.8}{X_{全省}\times 0.2+Y_{全省}\times 0.8}$$

计算结果如表 8－3 所示。

表 8－3　　折算系数（K）计算结果

市、州	城镇居民人均可支配收入发展速度	城镇居民人均消费性支出发展速度	加权值	折算系数（K）
全　省	109.8	103.4	104.6800	—
成都市	109.9	109.8	109.8200	1.0491
自贡市	110.2	109.2	109.3912	1.0450
攀枝花市	110.1	100.7	102.5857	0.9800
泸州市	111.6	109.7	110.0693	1.0515
德阳市	110.1	103.9	105.1400	1.0044
绵阳市	110.0	105.8	106.6353	1.0187
广元市	110.3	103.8	105.1000	1.0040
遂宁市	109.9	93.3	96.6181	0.9230
内江市	109.5	111.1	110.7800	1.0583
乐山市	109.5	85.8	90.5400	0.8649
南充市	111.7	101.6	103.6100	0.9898
眉山市	110.7	117.5	116.1300	1.1094
宜宾市	111.0	98.9	101.2836	0.9676
广安市	111.2	116.3	115.2800	1.1013
达州市	111.4	106.1	107.1600	1.0237
雅安市	110.7	81.7	87.4669	0.8356
巴中市	110.7	97.5	100.1300	0.9565
资阳市	110.2	99.1	101.3200	0.9679
阿坝州	109.8	89.8	93.8240	0.8963
甘孜州	110.8	114.3	113.5562	1.0848
凉山州	109.5	109.0	109.1000	1.0422

（2）计算各市（州）社会消费品零售总额增速初始值（A）。将各市（州）社会消费品零售总额增速折算系数（K）分别乘以经国家统计局评估认定反馈给四川省的2014年第一季度社会消费品零售总额增速（T），得到各市

（州）社会消费品零售总额增速初始值（A）（见表8-4）。社会消费品零售总额增速初始值（A）计算公式为：

$$A_{市、州}=K_{市、州}\times T_{全省}$$

表8-4　　社会消费品零售总额增速初始值（A）计算结果

市、州	折算系数（K）	社会消费品零售总额增速原始值（A）
全　省	—	—
成都市	1.0491	13.3
自贡市	1.0450	13.3
攀枝花市	0.9800	12.4
泸州市	1.0515	13.4
德阳市	1.0044	12.8
绵阳市	1.0187	12.9
广元市	1.0040	12.8
遂宁市	0.9230	11.7
内江市	1.0583	13.4
乐山市	0.8649	11.0
南充市	0.9898	12.6
眉山市	1.1094	14.1
宜宾市	0.9676	12.3
广安市	1.1013	14.0
达州市	1.0237	13.0
雅安市	0.8356	10.6
巴中市	0.9565	12.1
资阳市	0.9679	12.3
阿坝州	0.8963	11.4
甘孜州	1.0848	13.8
凉山州	1.0422	13.2

（3）我们通过构建调整系数（P）计算确定各市（州）社会消费品零售总额增速最终值（B）。调整系数（P）的计算公式为：

$$P_{市、州}=C_{市、州}\div D_{全省}$$

将各地社会消费品零售总额增速初始值（A）乘以各地的调整系数（P），便得到各市州社会消费品零售总额增速最终值（B）（见表8-5）。社会消费品零售总额增速最终值（B）的计算公式为：

$$B_{市、州} = A_{市、州} \times P_{市、州}$$

表 8－5　　社会消费品零售总额增速最终值（B）计算结果

市、州	调整系数（K）	社会消费品零售总额增速最终值（B）
全　省	—	—
成都市	0.9630	12.8
自贡市	1.0494	13.9
攀枝花市	1.0123	12.6
泸州市	1.3951	18.6
德阳市	1.0741	13.7
绵阳市	1.0000	12.9
广元市	1.0370	13.2
遂宁市	1.0617	12.4
内江市	1.2222	16.4
乐山市	0.7531	8.3
南充市	0.9259	11.6
眉山市	1.3580	19.1
宜宾市	0.0617	0.8
广安市	1.1728	16.4
达州市	1.1358	14.8
雅安市	1.1111	11.8
巴中市	0.9877	12.0
资阳市	1.3827	17.0
阿坝州	0.0741	0.8
甘孜州	0.0247	0.3
凉山州	1.2099	16.0

（4）数据可靠性评估。为了分析四川省各市州 2014 年第一季度的工业增加值增速数据是否可靠，我们可以计算一个相对误差 D，公式表示为：

$$D = \frac{B - I}{B}$$

其中，B 为经过调整系数法计算得到的社会消费品零售总额增速最终值，I 为公布的社会消费品零售总额增速实际值。

表 8－6 显示，基于调整系数法，巴中市、阿坝州和甘孜州 2014 年第一季度社会消费品零售总额增速数据的相对误差较大，但该方法没有考虑历史数据的影响，故下面我们针对 2014 年第一季度四川省各市、州社会消费品零售总额增速采用综合评分方法进行实证评估，将两种评估方法进行比较，选取更为完善的一种评估方法，以期获得更为可靠地评估结果。

表 8－6　　相对误差系数计算结果

市、州	社会消费品零售总额增速最终值 B	社会消费品零售总额增速实际值 I	相对误差 $\|D\|$（%）
成都市	12.8	12.7	0.8
自贡市	13.9	12.4	10.8
攀枝花市	12.6	12.8	1.6
泸州市	18.6	11.6	37.6
德阳市	13.7	14.0	2.2
绵阳市	12.9	13.7	6.2
广元市	13.2	12.0	9.1
遂宁市	12.4	11.7	5.6
内江市	16.4	13.6	17.1
乐山市	8.3	13.2	59.0
南充市	11.6	12.5	7.8
眉山市	19.1	13.1	31.4
宜宾市	0.8	11.7	1 362.5
广安市	16.4	12.8	22.0
达州市	14.8	13.3	10.1
雅安市	11.8	13.4	13.6
巴中市	12.0	12.4	3.3
资阳市	17.0	12.1	28.8
阿坝州	0.8	12.5	1 462.5
甘孜州	0.3	12.7	4 133.3
凉山州	16.0	11.6	27.5

综合评估方法具体操作如下：

设 y_i 是第 i 个市州 y 指标的社会消费品零售总额发展速度，x_i 是判别指标

x 的发展速度，发展速度比率 $z_i = y_i / x_i$。四川省 21 个市、州构成一个样本，构建一个检验统计量：

$$F_i = \frac{z_i - \bar{z}}{\delta}$$

其中，$\bar{z}$ 为分布的均值（具体计算时，不能直接利用这 21 个样本数据计算平均值，而是采用统计局公布的当期全省数作为平均值），δ 为分布的标准差。

接下来，我们需要分别计算各市、州的 F 值。事实上，$z_i = y_i / x_i$ 计算较为简单，分布的均值 $\bar{z}$ 也易于得到，关键是分布的标准差 δ 计算较为复杂。

第一步，计算标准差 δ。

（1）按规模大小分组。为了减少异方差的影响，我们需按照社会消费品零售总额绝对额占全省的比重，将全省 21 个市州分为规模较大地区和规模较小地区，分为两组分别计算标准差，大组市、州采用大组标准差，小组市、州采用小组标准差。具体分组时，根据规模占比排序，将前 40% 的市、州作为规模较大组，余下的 60% 的市、州作为规模较小组。

（2）相关系数甄别。根据社会消费品零售总额和判别指标的历史季度数据，计算两个指标数据间的相关系数，并计算其平均值，将该平均值作为历史数据稳定相关系数 ρ_0。若 2014 年第一季度的相关系数 $\rho \geqslant \rho_0$，则可以直接计算标准差；若 $\rho \leqslant \rho_0$，则逐一剔除 2014 年第一季度的异常地区，使 $\rho \geqslant \rho_0$，然后利用剩余地区计算标准差。

（3）标准差计算。相关系数甄别后，选取相关系数较大的 4 期历史数据，分别计算其标准差，再取这 4 期的均值作为历史标准差。再计算 2014 年第一季度的标准差作为当期标准差，最后将历史标准差和当期标准差按照 3/4 和 1/4 的权数进行加权，获得最终的标准差（包含大组标准差和小组标准差）。

第二步，计算最后得分。

计算出标准差后便可计算出统计量 F_i 的值。我们根据 F_i 值计算标准正态分布的累计概率 p，根据累计概率代入预先设定好的分数转换公式便可计算得到最后得分。

$$Score = \begin{cases} 10 \times \sqrt{(1-p) \times 200}, & p > 0.5 \\ 100, & p \leqslant 0.5 \end{cases}$$

四川省城镇居民人均可支配收入、人均消费性支出得分计算如表 8－7 和

表 8 - 8 所示。

表 8 - 7　　城镇居民人均可支配收入得分计算

规模分组	市、州	发展速度比率	检验统计量	P	$1-P$	得分
	全　省	1.0264				
2	成都市	1.0227	-0.27	0.393	0.607	100
1	自贡市	1.0236	-0.17	0.433	0.567	100
1	攀枝花市	1.0136	-0.76	0.224	0.776	100
2	泸州市	1.0215	-0.36	0.358	0.642	100
2	德阳市	1.0327	0.47	0.679	0.321	80
2	绵阳市	1.0182	-0.61	0.271	0.729	100
1	广元市	1.0127	-0.82	0.207	0.793	100
1	遂宁市	1.0338	0.44	0.669	0.331	81
1	内江市	1.0338	0.44	0.669	0.331	81
1	乐山市	1.0274	0.06	0.523	0.477	98
2	南充市	1.0130	-0.99	0.160	0.840	100
1	眉山市	1.0095	-1.01	0.157	0.843	100
2	宜宾市	1.0162	-0.75	0.225	0.775	100
1	广安市	1.0189	-0.45	0.327	0.673	100
2	达州市	1.0180	-0.63	0.266	0.734	100
1	雅安市	1.0154	-0.66	0.256	0.744	100
1	巴中市	1.0131	-0.79	0.214	0.786	100
1	资阳市	1.0209	-0.33	0.371	0.629	100
1	阿坝州	1.0264	0.00	0.500	0.500	100
1	甘孜州	1.0074	-1.13	0.129	0.871	100
1	凉山州	1.0329	0.38	0.650	0.350	84

表 8 - 8　　城镇居民人均消费性支出得分计算

规模分组	市、州	发展速度比率	检验统计量	P	$1-P$	得分
	全　省	1.0899				
2	成都市	1.0237	-1.27	0.102	0.898	100
1	自贡市	1.0331	-0.64	0.261	0.739	100
1	攀枝花市	1.1082	0.21	0.581	0.419	92
2	泸州市	1.0393	-0.97	0.166	0.834	100
2	德阳市	1.0943	0.08	0.533	0.467	97
2	绵阳市	1.0587	-0.60	0.274	0.726	100

续表

规模分组	市、州	发展速度比率	检验统计量	P	$1-P$	得分
	全　省	1.0899				
1	广元市	1.0761	-0.16	0.438	0.562	100
1	遂宁市	1.2176	1.44	0.925	0.075	39
1	内江市	1.0189	-0.80	0.212	0.788	100
1	乐山市	1.3112	2.49	0.994	0.006	11
2	南充市	1.1132	0.45	0.672	0.328	81
1	眉山市	0.9506	-1.57	0.058	0.942	100
2	宜宾市	1.1411	0.98	0.836	0.164	57
1	广安市	0.9742	-1.30	0.096	0.904	100
2	达州市	1.0688	-0.41	0.343	0.657	100
1	雅安市	1.3765	3.23	0.999	0.001	4
1	巴中市	1.1497	0.67	0.750	0.250	71
1	资阳市	1.1352	0.51	0.695	0.305	78
1	阿坝州	1.2546	1.86	0.968	0.032	25
1	甘孜州	0.9768	-1.28	0.101	0.899	100
1	凉山州	1.0376	-0.59	0.278	0.722	100

计算出各市、州社会消费品零售总额增速与判别指标的最后得分后，按照城镇居民人均可支配收入1/5、城镇居民人均消费性支出4/5的权数进行加权，计算得到社会消费品零售总额增速的综合得分。

表8-9显示，成都、自贡、泸州、绵阳、广元、眉山、广安、达州、甘孜州得分并列第一，社会消费品零售总额增速数据可靠性相对较高，雅安市排在最后一位，数据可靠性相对较低。

表8-9　　2014年第一季度各市州工业增加值协调性评估结果

市、州	社会消费品零售总额增长率（%）	判别指标增长率（%）		判别值		得分	排名
		城镇居民人均可支配收入	城镇居民人均消费性支出	城镇居民人均可支配收入	城镇居民人均消费性支出		
全省	12.7	9.8	3.4				
成都市	12.4	9.9	9.8	-0.27	-1.27	100	1
自贡市	12.8	10.2	9.2	-0.17	-0.64	100	1

续表

地域	社会消费品零售总额增长率（%）	判别指标增长率（%）		判别值		得分	排名
		城镇居民人均可支配收入	城镇居民人均消费性支出	城镇居民人均可支配收入	城镇居民人均消费性支出		
全　省	12.7	9.8	3.4				
攀枝花市	11.6	10.1	0.7	-0.76	0.21	93.2	13
泸州市	14	11.6	9.7	-0.36	-0.97	100	1
德阳市	13.7	10.1	3.9	0.47	0.08	93.3	12
绵阳市	12	10	5.8	-0.61	-0.6	100	1
广元市	11.7	10.3	3.8	-0.82	-0.16	100	1
遂宁市	13.6	9.9	-6.7	0.44	1.44	47.3	18
内江市	13.2	9.5	11.1	0.44	-0.8	96.3	11
乐山市	12.5	9.5	-14.2	0.06	2.49	28.5	20
南充市	13.1	11.7	1.6	-0.99	0.45	84.8	14
眉山市	11.7	10.7	17.5	-1.01	-1.57	100	1
宜宾市	12.8	11	-1.1	-0.75	0.98	65.8	17
广安市	13.3	11.2	16.3	-0.45	-1.3	100	1
达州市	13.4	11.4	6.1	-0.63	-0.41	100	1
雅安市	12.4	10.7	-18.3	-0.66	3.23	22.8	21
巴中市	12.1	10.7	-2.5	-0.79	0.67	76.6	16
资阳市	12.5	10.2	-0.9	-0.33	0.51	82.5	15
阿坝州	12.7	9.8	-10.2	0	1.86	40.2	19
甘孜州	11.6	10.8	14.3	-1.13	-1.28	100	1
凉山州	13.1	9.5	9	0.38	-0.59	96.7	10

以60分为及格线，即将其视为质量较为可靠性的标准，则四川省共11市、州2014年第一季度工业增加值增速数据可靠性合格。其中，60分以下的市、州为：遂宁市、乐山市、雅安市和阿坝州，雅安分数仅为22.8分。60—70分的仅有宜宾市，70—80分的仅有巴中市，80—90分的为南充市和资阳市，90分以上的共13个市、州。就综合评分方法来评判，四川省该季度社会消费品零售总额增速数据可靠性整体较高。

甘孜州的评估结果排在了第一位，这与前面采用调整系数法得到的评估结果有较大出入，阿坝州和巴中市的两种方法得到的评估结果基本一致。

（二）基于 ARIMA 模型的数据可靠性实证评估

（1）评估数据相关说明。数据选取包括各个维度与属性，在基于渐进稳定假设的社会消费品零售总额数据可靠性实证评估过程中，同样包括数据频率、时间两个维度。基于此，本部分选取社会消费品零售总额季度数据进行数据可靠性实证评估。同时考虑到相关数据的可得性，参与实证评估的数据的时间范围为从 2003 年第一季度至 2013 年第三季度共计 43 个季度的数据。数据评估对象为四川省社会消费品零售总额。数据主要源自国家统计局官网的国家数据库，部分源自四川省经济社会发展统计数据库。

（2）数据特征与模型选择。社会消费品零售总额的渐进稳定性是从时间维度进行考察其数据可靠性的，故数据类型为时间序列数据，型选用 ARIMA 模型。

我们利用 Eviews7.0 软件将四川省社会消费品零售总额季度数据的走势显示如表 8－10 和图 8－14。

表 8－10　社会消费品零售总额季度数据

年份	第一季度	第二季度	第三季度	第四季度
2003	490.5	459.9	485.8	613
2004	563.7	537.3	569.2	713.7
2005	675.1	646.1	684.2	885.9
2006	800.1	790	839.6	992
2007	921.3	923.3	991.7	1 183.1
2008	1 104.2	1 079.8	1 201.5	1 415.3
2009	1 302.9	1 328.7	1 439.7	1 687.2
2010	1 532.7	1 610.7	1 651.7	1 839.7
2011	1 793.1	1 914.6	1 945.4	2 184.3
2012	2 092.5	2 205.7	2 229.6	2 561.2
2013	2 375.2	2 507.7	2 538.1	—

图 8－14 显示，四川省社会消费品零售总额季度数据序列具有明显的增长趋势，并且包含季节波动。为此，我们再对四川省社会消费品零售总额季度序列绘制相关图，结果如图 8－15 所示。

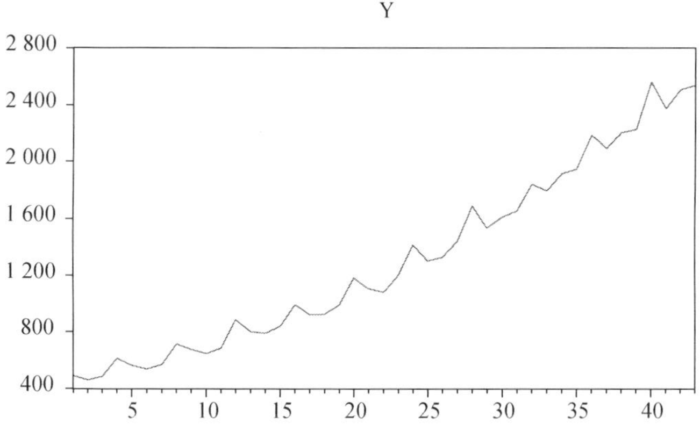

图 8－14　社会消费品零售总额走势图

Date: 12/30/13　Time: 15:31
Sample: 1 43
Included observations: 43

Autocorrelation	Partial Correlation		AC	PAC	Q-Stat	Prob
		1	0.921	0.921	39.038	0.000
		2	0.849	0.014	73.091	0.000
		3	0.785	0.007	102.89	0.000
		4	0.717	-0.056	128.37	0.000
		5	0.640	-0.097	149.22	0.000
		6	0.569	-0.014	166.15	0.000
		7	0.505	-0.001	179.85	0.000
		8	0.443	-0.018	190.71	0.000
		9	0.371	-0.105	198.55	0.000
		10	0.305	-0.025	203.99	0.000
		11	0.247	0.004	207.68	0.000
		12	0.197	0.016	210.12	0.000
		13	0.134	-0.117	211.28	0.000
		14	0.078	-0.019	211.69	0.000
		15	0.030	-0.012	211.75	0.000
		16	-0.022	-0.070	211.79	0.000
		17	-0.079	-0.007	212.25	0.000
		18	-0.124	0.010	213.44	0.000
		19	-0.163	-0.023	215.57	0.000
		20	-0.202	-0.046	219.01	0.000

图 8－15　序列相关图

图 8－15 为社会消费品零售总额年度原始时序数据｛Y｝的自相关函数和偏自相关函数图。由图 8－15 可以看出，偏自相关函数是截尾的，但自相关函数缓慢衰减，这说明序列｛Y｝存在一定的非平稳性。

从自相关函数和偏自相关函数图来判断数据的平稳性，仅仅是一种经验判断方法，精确判断方法是进行单位根检验，即 ADF 检验。结果如图 8－16 所示。

Null Hypothesis: Y has a unit root
Exogenous: Constant
Lag Length: 3 (Automatic - based on SIC, maxlag=9)

		t-Statistic	Prob.*
Augmented Dickey-Fuller test statistic		11.19984	1.0000
Test critical values:	1% level	-3.610453	
	5% level	-2.938987	
	10% level	-2.607932	

*MacKinnon (1996) one-sided p-values.

图 8－16 单位根检验

结果显示，其 ADF 值为 11. 19984 分别大于 1%、5%、10% 三个检验水平的临界值 －3. 610453、－2. 938987、－2. 607932，时间序列接受原假设，即存在单位根。因此，原始时间序列 {Y} 是非平稳的时间序列。

为消除趋势同时减小序列的波动性，需要对原始数据进行平稳化处理。为此，我们对原序列 {Y} 做对数处理，生成新数列 LY = log（Y）。

观察发现序列 LY 经二阶逐期差分后上升趋势消除，差分后的序列由 dLY 表示，dLY = D（LY）经逐期差分后的序列 dLY 走势图见图 8－17 所示：

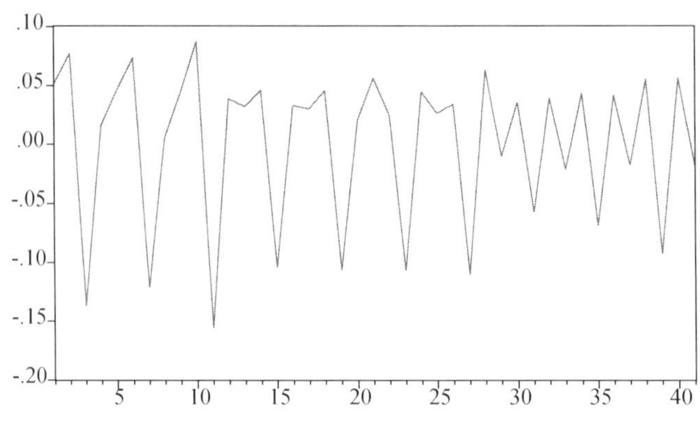

图 8－17 dLY 走势图

然后，我们对 dLY 序列进行严格的单位根检验，结果如图 8－18 所示：

由图 8－18 可知，序列 dLY 的 ADF 统计量的相伴概率为 p = 0. 0000，拒绝序列 dLY 有一个单位根的原假设，因此序列 dLY 通过了单位根检验。

至此，原序列的趋势性已经消除，但序列 dLY 仍然存在周期性波动，说明序列受季节因素影响。

由图 8－19 可以看出，样本自相关系数都落入了随机区间，故序列的趋势

Null Hypothesis: DLY has a unit root
Exogenous: Constant
Lag Length: 4 (Automatic - based on SIC, maxlag=9)

		t-Statistic	Prob.*
Augmented Dickey-Fuller test statistic		-6.298329	0.0000
Test critical values:	1% level	-3.626784	
	5% level	-2.945842	
	10% level	-2.611531	

*MacKinnon (1996) one-sided p-values.

图 8 - 18 单位根检验

性基本消除，但当 k = 4 时，样本的自相关系数显著不为 0，说明序列存在季节性，需对序列进行季节差分。季节差分后的序列由 sdLY 表示，sdLY = dlLY—dLY（-4）。季节差分后的序列 sdLY 的自相关一偏自相关图如图 8 - 20 所示。

Sample: 1 41
Included observations: 41

	AC	PAC	Q-Stat	Prob
1	-0.440	-0.440	8.5435	0.003
2	-0.133	-0.406	9.3474	0.009
3	-0.328	-0.875	14.338	0.002
4	0.836	0.031	47.634	0.000
5	-0.394	-0.019	55.252	0.000
6	-0.109	0.059	55.850	0.000
7	-0.266	-0.039	59.515	0.000
8	0.728	0.078	87.845	0.000
9	-0.377	0.005	95.680	0.000
10	-0.086	-0.018	96.104	0.000
11	-0.194	0.057	98.308	0.000
12	0.605	-0.021	120.57	0.000
13	-0.345	-0.025	128.07	0.000
14	-0.066	-0.049	128.35	0.000
15	-0.139	-0.039	129.65	0.000
16	0.507	-0.028	147.79	0.000
17	-0.315	-0.004	155.10	0.000
18	-0.041	0.059	155.23	0.000
19	-0.098	0.092	156.00	0.000
20	0.401	-0.003	169.51	0.000

图 8 - 19 序列相关图

由图 8 - 20 可见，序列 sdLY 的趋势已基本消除。

接下来，我们对序列 sdLY 进行均值检验，得到该序列样本平均数 m 为 -0.000178，均值标准误 s 为 0.021484，m 在 +2s 之间，所以序列均值与 0 无显著差异，序列 sdLY 可以建立 ARMA 模型。

原序列 Y 经过二阶自然对数逐期差分以及季节差分处理后变为序列 sdLY，

Sample: 1 37
Included observations: 37

Autocorrelation	Partial Correlation		AC	PAC	Q-Stat	Prob
		1	-0.514	-0.514	10.608	0.001
		2	-0.197	-0.628	12.212	0.002
		3	0.384	-0.235	18.460	0.000
		4	-0.220	-0.299	20.581	0.000
		5	0.015	-0.168	20.591	0.001
		6	0.047	-0.268	20.694	0.002
		7	0.030	-0.064	20.736	0.004
		8	-0.116	-0.237	21.401	0.006
		9	0.125	-0.036	22.207	0.008
		10	-0.065	-0.185	22.433	0.013
		11	0.010	0.011	22.438	0.021
		12	0.032	-0.055	22.497	0.032
		13	-0.060	0.038	22.713	0.045
		14	0.020	-0.120	22.738	0.065
		15	-0.061	-0.312	22.983	0.085
		16	0.245	0.044	27.097	0.040

图 8-20 自相关—偏自相关图

其自相关—偏自相关图如图 8-20 所示，可以看出序列自相关函数（ACF）与偏自相关函数（PACF）都呈拖尾性，所以我们选用 ARIMA（p，d，q）（P，D，Q）s 模型，其中参数 d=2，D=2。

由于样本的随机性，样本的相关系数不会呈现出理论截尾的完美情况，因此，要对模型中的 p 和 q 或 P 和 Q 参数进行多种组合选择，利用 Akaike 提出的 AIC 准则和 Schwartz 提出的 BIC 准则评判拟合模型的相对优劣，即使上述两个 AIC、BIC 函数值达到最小的模型为相对最优模型，从组合中选择一个拟和最好的模型作为最后的方程结果。

观察序列 sdLY 的偏自相关图，发现样本的 1、2 阶偏自相关系数显著不为 0，所以 p 取 2 较为合适，而 3 阶自相关系数也与 0 存在差异，所以 q=3。故可以建立模型 ARIMA（2，2，3）（0，2，3）。估计结果如图 8-21 所示。

在这里，对参数 t 检验显著性水平的要求并不像回归方程中那么严格，更多的是考虑模型的整体拟合效果，调整后的可决系数，AIC 和 SC 准则都是选择模型的重要标准。由图 8-21 可知，模型调整后的可决系数 R^2 值为 0.709115，AIC 和 sc 值分别 -5.846865 和 -5.535795，说明模型整体拟合程度较好。模型滞后多项式的倒数根都在单位圆内，如图 8-22 所示，这表明自回归移动平均过程是平稳的，也是可逆的。

Variable	Coefficient	Std. Error	t-Statistic	Prob.
C	-0.000238	0.000169	-1.411697	0.1691
AR(1)	-0.496144	0.436079	-1.137738	0.2649
AR(2)	-0.334933	0.315036	-1.063156	0.2968
MA(1)	-0.897059	0.457531	-1.960651	0.0599
MA(2)	-0.349476	0.607722	-0.575059	0.5698
MA(3)	0.247018	0.422740	0.584325	0.5637
SMA(4)	-0.362863	0.233868	-1.551570	0.1320

R-squared	0.760160	Mean dependent var	0.000217
Adjusted R-squared	0.708765	S.D. dependent var	0.050826
S.E. of regression	0.027429	Akaike info criterion	-4.177600
Sum squared resid	0.021065	Schwarz criterion	-3.866531
Log likelihood	80.10800	Hannan-Quinn criter.	-4.070219
F-statistic	14.79073	Durbin-Watson stat	2.174443
Prob(F-statistic)	0.000000		

Inverted AR Roots	-.25-.52i	-.25+.52i		
Inverted MA Roots	1.00	.78	.45	.00+.78i
	-.00-.78i	-.55	-.78	

图 8－21　估计结果

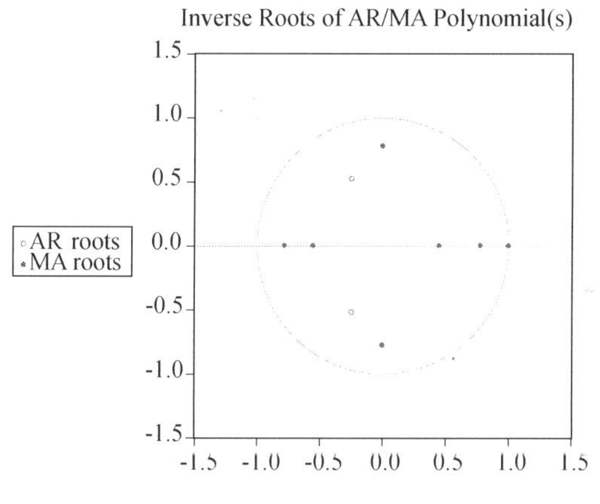

图 8－22　倒数根位置图

对模型拟合后的残差序列进行自相关一偏自相关图分析，得图 8－23。

图 8－23 显示残差自相关系数和偏自相关系数全部落在随机区间内，与 0 无显著差异，表明模型残差项近似丁白噪声，已基本没有可提取信息，检验通过。

同时，对残差项做单位根检验，所得结果如图 8－24 所示：

结果表明：残差序列的 ADF 统计量的相伴概率为 0.0000，拒绝残差序列有一个单位根的原假设，因此残差序列通过了单位根检验。

综上，为了方便直接对四川省社会消费品零售总额原始序列｛Y｝进行预

Included observations: 35
Q-statistic probabilities adjusted for 6 ARMA term(s)

Autocorrelation	Partial Correlation		AC	PAC	Q-Stat	Prob
		1	-0.098	-0.098	0.3633	
		2	-0.088	-0.099	0.6674	
		3	-0.062	-0.082	0.8217	
		4	0.029	0.004	0.8560	
		5	-0.062	-0.074	1.0205	
		6	-0.218	-0.243	3.1486	
		7	0.043	-0.027	3.2331	0.072
		8	-0.147	-0.223	4.2695	0.118
		9	0.019	-0.078	4.2872	0.232
		10	-0.105	-0.192	4.8600	0.302
		11	0.075	-0.066	5.1630	0.396
		12	0.065	-0.057	5.4020	0.493
		13	-0.071	-0.167	5.7000	0.575
		14	0.064	-0.093	5.9547	0.652
		15	0.185	0.119	8.1687	0.517
		16	0.222	0.192	11.533	0.318

图 8-23 自相关—偏自相关图

Null Hypothesis: RESID01 has a unit root
Exogenous: Constant
Lag Length: 0 (Automatic - based on SIC, maxlag=8)

		t-Statistic	Prob.*
Augmented Dickey-Fuller test statistic		-6.288891	0.0000
Test critical values:	1% level	-3.639407	
	5% level	-2.951125	
	10% level	-2.614300	

*MacKinnon (1996) one-sided p-values.

图 8-24 单位根检验

测，我们可以将 sdLY 记成 d（log（Y），2，4），通过 Eviews 软件便可得到相关拟合值。

（3）数据可靠性评估。

①离群值甄别。我们先采用相对误差评估法来甄别四川省社会消费品零售总额季度数据中存在的离群值。当 $|e|\leqslant 5\%$ 时，则初步判定该统计指标的当期实际观测值可靠；否则认为该期数据为离群值，质量存在异常。

其相对误差系数的波动情况如图 8-25 所示，相对误差计算结果见表8-11。

图 8-25 显示，四川省社会消费品零售总额从渐进稳定性匹配角度来看，大多数季度（2003 年第一季度至 2013 年第三季度）在允许的误差范围之内，但不同季度存在高估和低估的成分。以 5% 为可疑标准，整理在序列渐进稳定

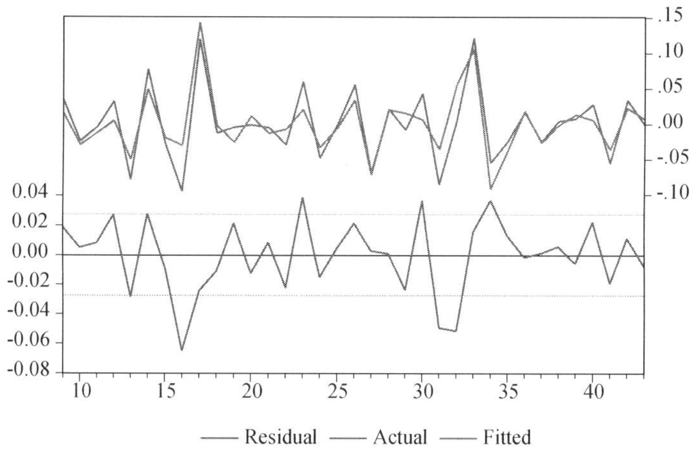

图 8－25 相对误差系数波动情况

性匹配可疑的月份有：2010 年第一、第四季度；2011 年第一、第四季度；2012 年第一、第四季度；2013 年第一季度。在 35 个样本季度中，较为可疑的数据有 7 个。分析 7 个社会消费品零售总额季度数据，从相对误差系数偏离误差方向来看，均为负向偏离，故四川省社会消费品零售总额数据有被低估的可能性。

表 8－11 显示，从结构稳定性匹配角度来看，大多数季度（2005 年第一季度至 2013 年第三季度）的四川省社会消费品零售总额在允许的误差范围之内。

表 8－11 相对误差计算结果

季度	实际值	拟合值	e	$\|e\|$
2003 年第一季度	490.5	—		
2003 年第二季度	459.9	—		
2003 年第三季度	485.8	—		
2003 年第四季度	613.0	—		
2004 年第一季度	563.7	—		
2004 年第二季度	537.3	—		
2004 年第三季度	569.2	—		
2004 年第四季度	713.7	—		
2005 年第一季度	675.1	662.6	0.0185	0.0185
2005 年第二季度	646.1	635.5	0.0164	0.0164
2005 年第三季度	684.2	673.6	0.0155	0.0155

续表

季度	实际值	拟合值	e	$\|e\|$
2005 年第四季度	885.9	848.2	0.0426	0.0426
2006 年第一季度	800.1	788.8	0.0141	0.0141
2006 年第二季度	790	757.3	0.0414	0.0414
2006 年第三季度	839.6	804.6	0.0417	0.0417
2006 年第四季度	992	1 014.6	-0.0228	0.0228
2007 年第一季度	921.3	944.5	-0.0252	0.0252
2007 年第二季度	923.3	907.9	0.0167	0.0167
2007 年第三季度	991.7	965.3	0.0266	0.0266
2007 年第四季度	1 183.1	1 217.8	-0.0293	0.0293
2008 年第一季度	1 104.2	1 134.0	-0.0270	0.0270
2008 年第二季度	1 079.8	1 090.0	-0.0094	0.0094
2008 年第三季度	1 201.5	1 158.7	0.0356	0.0356
2008 年第四季度	1 415.3	1 461.2	-0.0324	0.0324
2009 年第一季度	1 302.9	1 359.7	-0.0436	0.0436
2009 年第二季度	1 328.7	1 305.8	0.0172	0.0172
2009 年第三季度	1 439.7	1 386.5	0.0370	0.0370
2009 年第四季度	1 687.2	1 745.9	-0.0348	0.0348
2010 年第一季度	1 532.7	1 622.1	-0.0583	0.0583
2010 年第二季度	1 610.7	1 554.8	0.0347	0.0347
2010 年第三季度	1 651.7	1 647.4	0.0026	0.0026
2010 年第四季度	1 839.7	2 069.7	-0.1250	0.1250
2011 年第一季度	1 793.1	1 917.9	-0.0696	0.0696
2011 年第二季度	1 914.6	1 833.2	0.0425	0.0425
2011 年第三季度	1 945.4	1 936.4	0.0046	0.0046
2011 年第四季度	2 184.3	2 424.7	-0.1101	0.1101
2012 年第一季度	2 092.5	2 239.0	-0.0700	0.0700
2012 年第二季度	2 205.7	2 132.0	0.0334	0.0334
2012 年第三季度	2 229.6	2 243.1	-0.0061	0.0061
2012 年第四季度	2 561.2	2 796.8	-0.0920	0.0920
2013 年第一季度	2 375.2	2 571.0	-0.0824	0.0824
2013 年第二季度	2 507.7	2 436.6	0.0284	0.0284
2013 年第三季度	2 538.1	2 550.9	-0.0050	0.0050

以 5% 为评判标准，被视为离群值的月份如下：

2010 年第一季度、第四季度；2011 年第一季度、第四季度；2012 年第一季度、第四季度；2013 年第一季度。

综合上述统计，在我们所研究的 35 个评估数据中，数据离群的季度共 7 个，占到 20% 。从偏离的正负方向来看，7 个离群季度数据全部为负向偏离，故四川省社会消费品零售总额数据有被低估的可能性。

在获取离群数据后，我们还需对其进行异常值显著性检验，在此我们采用 F 统计量评估法进行计算。

②异常值统计显著性检验。在此，我们采用 F 统计量评估法。以 2010 年第一季度数据为例进行计算，其中 P_1 为 2005 年第一季度数据，P_n 为 2009 年第四季度数据，P_{n+1}为 2010 年季度数据。分别估计 P_1，$\cdots P_n$ 的标准差 $\hat{\sigma}$ 和 P_1，$\cdots P_{n+1}$的标准差，并计算方差比 F。

$$\hat{\sigma}^2 = \frac{1}{n-1}\sum_{j=1}^{n}(P_j - \overline{P})^2 = \frac{1}{18}\sum_{j=1}^{19}(P_j - 1\ 064.03)^2 = 78\ 405.01 \quad (8-1)$$

$$\hat{\sigma}^{*2} = \frac{1}{n-1}\sum_{j=1}^{n+1}(P_j - \overline{P})^2 = \frac{1}{20}\sum_{j=1}^{21}(P_j - 1\ 087.47)^2 = 85\ 260.93 \quad (8-2)$$

$$F = \left(\frac{\hat{\sigma}^2}{\hat{\sigma}^{*2}}\right) = \frac{78\ 405.01}{89\ 260.93} = 0.9196 \quad (8-3)$$

在显著性水平 5% 下，$F > F_{0.05} = 0.4539$，故拒绝原假设，认为 P_{n+1} 即 2010 年季度数据为异常值点。同理，可检验其他离群点的异常值显著性，结果汇总如下：

2010 年第四季度：$F > F_{0.05} = 0.4907$，显著，异常值点；

2011 年第一季度：$F > F_{0.05} = 0.4988$，显著，异常值点；

2011 年第四季度：$F > F_{0.05} = 0.5204$，显著，异常值点；

2012 年第一季度：$F > F_{0.05} = 0.5270$，显著，异常值点；

2012 年第四季度：$F > F_{0.05} = 0.5451$，显著，异常值点；

2013 年第一季度：$F > F_{0.05} = 0.5506$，显著，异常值点。

三、月度数据可靠性实证评估

（一）月度数据与相关经济指标的协调度分析

下面我们对 2013 年 2—12 月的四川省社会消费品零售总额与商品零售价格指数进行协调度分析。为了统一量纲，我们将 2013 年 2—12 月社会消费品零售总额增长速度转换成指数形式（见表 8-12），其中 2012 年同期 = 100。

根据图 8-26，结合表 8-12 可知，社会消费品零售总额指数大致在 110 到 116 之间波动，商品零售价格指数在 100 到 103 之间波动。图 8-27 显示，除 2 月份外，社会消费品零售总额指数和商品零售价格定基指数之间的绝对距离在 11 至 14 之间波动，数据波动幅度稳定，整体而言数据较为可靠。

表 8-12　　社会消费品零售总额指数和商品零售价格定基指数

指数＼月份	2 月	3 月	4 月	5 月	6 月	7 月	8 月	9 月	10 月	11 月	12 月
社会消费品零售总额指数	110.58	113.56	113.43	113.51	114.14	113.39	113.77	114.33	113.61	115.95	114.53
商品零售价格指数	102.10	100.90	101.00	100.90	101.20	101.90	102.00	102.40	102.30	102.10	101.50

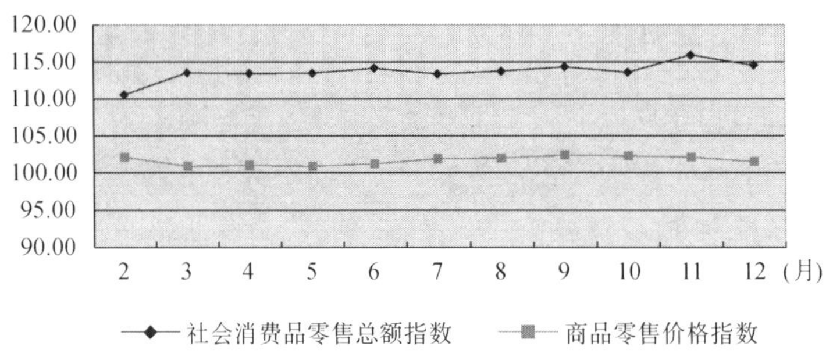

图 8-26　2013 年定基指数对比

（二）基于季节变动模型评价的可靠性实证评估

（1）测算季节比率及正规化季节比率。

①以 12 个月为长度，对社会消费品零售总额时间序列（实际值 X）进行移动平均，求得移动平均数列 T，数列 T 消除了季节变动的影响，反映社会消

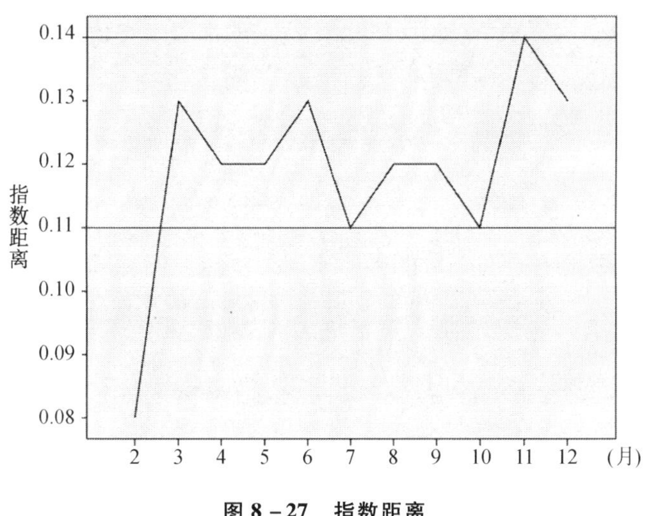

图 8－27　指数距离

费品零售额的趋势值。

②求实际值 X 与移动平均数 T 的比值，得季节比率 X/T。季节比率 X/T 反映社会消费品零售总额的月度变动情况，一年中该比率越大的月份销售越旺。

③计算校正系数，对各月季节比率 X/T 进行较正，得正规化季节比率 F，使得 1 年中 12 个月的正规化季节比率之和为 12。

（2）分别对长期趋势序列 S、趋势增量序列 R、季节比率序列 F 作指数平滑，平滑公式如下：

$$S_t = \alpha X_t / F_{t-12} + (1-\alpha)(S_{t-1} + R_{t-1}) \qquad (a)$$

$$R_t = \beta(S_t - S_{t-1}) + (1-\beta) R_{t-1} \qquad (b)$$

$$F_t = \gamma X_t / S_t + (1-\gamma) F_{t-12} \qquad (c)$$

公式中，α、β 和 γ 为平滑系数，取值在 0 到 1 之间。

公式（a）中，X_t/F_{t-12}为 t 期实际观察值 X_t 消除季节变动后的趋势水平；$S_{t-1}+R_{t-1}$为 t 期趋势水平的估计值；t 期趋势水平的平滑值 S_t 为 t 期趋势水平实际值 X_t/F_{t-12}与估计值 $S_{t-1}+R_{t-1}$的加权平均值。

公式（b）对趋势增量作指数平滑，S_t-S_{t-1}为 t 期实际趋势增量；R_{t-1}则作为 t 期趋势增量的估计值；t 期趋势增量的平滑值 R_t 为 t 期趋势增量实际值 S_t-S_{t-1}与估计值 R_{t-1}的加权平均值。

公式（c）中，X_t/S_t 消除了趋势因素表示 t 期实际季节比率；F_{t-12}是报告期上年同月季节比率，在此作为 t 期季节比率的估计值；t 期季节比率平滑值

F_t 为 t 期季节比率实际值 X_t/S_t 与估计值 F_{t-12} 的加权平均值。

对公式（a）、（b）、（c）作等价变形如下：

$$S_t = S_{t-1} + R_{t-1} + \alpha\ [X_t/F_{t-12} - (S_{t-1} + R_{t-1})] \qquad (a')$$

$$R_t = R_{t-1} + \beta\ [(S_t - S_{t-1}) - R_{t-1}] \qquad (b')$$

$$F_t = F_{t-12} + \gamma\ (X_t/S_t - F_{t-12}) \qquad (c')$$

可见，t 期趋势水平的平滑值 St 可以表示成 t 期趋势水平的估计值 $S_{t-1}+R_{t-1}$ 与该估计误差 $X_t/F_{t-12}-(S_{t-1}+R_{t-1})$ 的组合值。同理有趋势增量的平滑值 R_t 和季节比率的平滑值 F_t。而平滑系数 α、β 和 γ 反映估计误差对估计值的调整程度，α、β 和 γ 越大反映估计误差对估计值的调整程度越大。实际操作过程中，各地区可以通过反复测算确定合适的平滑系数使得模型预测的误差最小。

从公式（a′）、（b′）、（c′）可见，S_t、R_t、F_t 的平滑公式可以看成一个递推公式，因此对 S_t、R_t、F_t 作指数平滑必须确定 S_t、R_t、F_t 的初始值。实际操作中，可以将 X/F 较前一段数据的移动平均值作为 S_t 的初始值，并在此基础上得到 R_t、F_t 的初始值。

（3）求社会消费品零售总额预期值（预测值）

预测值 $X_{t+1} = (S_t + R_t)\ F_{t+1-12}$

（4）比较实际社会消费品零售总额与预期社会消费品零售总额差距，计算误差指数 $E = 100 \times$（实际统计值 - 预测值）/预测值，据以对本期实际社会消费品零售总额增长的合理性进行判断。误差指数绝对值偏高表明零售额月度数据季节变动可能存在一定不合理的因素。

最终计算结果见表 8 - 13、表 8 - 14、表 8 - 15。各表后附有注释，为各个数据的计算过程举例说明。

表 8 - 13　　社会消费品零售总额变动的季节比率　　单位：亿元

年份	月份	实际值 X	移动平均数 T	季节比率 X/T	正规化季节比率 F
2010	7 月	537.55			
	8 月	571.61			
	9 月	614.89			
	10 月	572.63			
	11 月	652.22			
	12 月	652.22			

续表

年份	月份	实际值 X	移动平均数 T	季节比率 X/T	正规化季节比率 F
2011	1月	523.33	608.32	0.8603	0.8638
	2月	626.20	614.94	1.0183	1.0224
	3月	643.58	619.96	1.0381	1.0423
	4月	563.00	628.92	0.8952	0.8988
	5月	662.35	636.36	1.0408	1.0451
	6月	629.83	642.80	0.9798	0.9838
	7月	638.44	652.35	0.9787	0.9826
	8月	629.60	661.82	0.9513	0.9552
	9月	677.35	670.11	1.0108	1.0149
	10月	725.23	679.43	1.0674	1.0717
	11月	678.15	689.85	0.9830	0.9870
	12月	780.90	698.14	1.1185	1.1231
2012	1月	623.94			
	2月	752.78			
	3月	715.80			
	4月	714.50			
	5月	761.04			
	6月	730.16			

注：(1) 移动平均数T由实际值（X列）12月移动平均得，如：

2011年1月：

$$T1 = [(537.55 + 571.61 + 614.89 + \cdots + 662.35 + 629.83)/12 + (571.61 + 614.89 + 572.63 + \cdots + 629.83 + 638.44)/12]/2 = 608.32$$

2011年2月：

$$T2 = [(571.61 + 614.89 + 572.63 + \cdots + 638.44 + 629.60)/12 + (614.89 + 572.63 + 652.22 + \cdots + 629.60 + 677.35)/12]/2 = 614.94$$

……

(2) 正规化季节比率 = 季节比率 × 校正系数，校正系数 = 12/全年季节比率之和，如：

2011年1月：$F_1 = 0.8603 \times 12/(0.8603 + 1.0183 + \cdots 0.9830 + 1.1185) = 0.8638$

2011年2月：$F_2 = 1.0183 \times 12/(0.8603 + 1.0183 + \cdots 0.9830 + 1.1185) = 1.0224$

……

表 8-14　　社会消费品零售总额预测值

平滑系数：$\alpha=0.2$，$\beta=0.1$，$r=0.5$

年份	月份	实际值 X	正规化季节比率 F	X/F	移动平均数 S	趋势增量 R	季节比率平滑值 F_t	预测值 X
2012	1 月	623.94	0.8638	722.32				
	2 月	752.78	1.0224	736.29				
	3 月	715.80	1.0423	686.75				
	4 月	714.50	0.8988	794.95				
	5 月	761.04	1.0451	728.20				
	6 月	730.16	0.9838	742.18				
	7 月	728.69	0.9826	741.59	768.55			
	8 月	721.40	0.9552	755.23	780.05	11.50	0.9400	744.06
	9 月	779.50	1.0149	768.06	784.27	4.22	1.0044	791.97
	10 月	849.45	1.0717	792.62	792.60	8.33	1.0717	858.37
	11 月	792.75	0.9870	803.19	801.14	8.55	0.9883	800.19
	12 月	917.86	1.1231	817.26	809.61	8.47	1.1284	923.12
2013	1 月	855.31	0.8638	990.17	818.12	8.51	0.9546	789.12
	2 月	761.16	1.0224	744.48	859.34	11.78	0.9541	831.11
	3 月	812.85	1.0423	779.86	845.79	9.25	1.0017	856.47
	4 月	810.43	0.8988	901.68	840.00	7.75	0.9318	789.93
	5 月	863.84	1.0451	826.56	858.54	8.82	1.0256	871.69
	6 月	833.44	0.9838	847.16	859.20	8.01	0.9769	845.31
	7 月	826.23	0.9826	840.86	863.20	7.61	0.9699	837.88
	8 月	820.72	0.9552	859.21	864.82	7.01	0.9521	829.25
	9 月	891.23	1.0149	878.15	869.30	6.76	1.0201	884.60
	10 月	965.10	1.0717	900.53	876.48	6.80	1.0864	952.39
	11 月	919.20	0.9870	931.31	886.73	7.14	1.0118	897.54
	12 月	995.95	1.1231	886.79	901.36	7.89	1.1140	1 012.95

注：（1）趋势变动平滑值（移动平均数 S）：

2012 年 6-12 月、2013 年 1 月由 X/F 列移动平均算得，2013 年 1 月以后各月由平滑公式（a）平滑得。例如：

2013 年 1 月：S1 = ［（741.59 + 755.23 + … + 826.56 + 847.16）/12 + （755.23 + 768.06 + … + 847.16 + 840.86）/12］/2 = 818.12

2013 年 2 月：$S2=\alpha 761.16/1.0224+(1-\alpha)(818.12+8.51)=859.34$　$\alpha=0.2$，

……

（2）趋势增量 R：2012 年 7-12 月、2013 年 1 月由 Rt = St - St - 1 算得，2013 年 1 月以后各月由平滑公式（b）平滑得。例如：

2013 年 1 月：$R_1=818.12-809.61=8.51$

2013 年 2 月：$R_2=\beta(859.34-818.12)+(1-\beta)\times 8.51=11.78$　$\beta=0.1$

……

（3）季节比率平滑值 $F_t=rX_t/S_t+(1-r)F_{t-12}$。例如：

2013 年 1 月：$F_1=r855.31/818.12+(1-r)\times 0.8638=0.9546$　$r=0.5$

（4）预测值 Xt + 1 = (St + Rt) Ft + 1 - 12。例如：

2013 年 7 月：$X_8=(863.20+7.61)\times 0.9699=837.88$

2013 年 8 月：$X_8=(864.82+7.01)\times 0.9521=829.25$

表 8-15　　社会消费品零售额预期值与实际统计值的比较

年份	月份	实际统计值	预测值	实际统计值/预测值	误差指数
2012	8月	721.40	744.06	0.9695	-3.05
	9月	779.50	791.97	0.9843	-1.57
	10月	849.45	858.37	0.9896	-1.04
	11月	792.75	800.19	0.9907	-0.93
	12月	917.86	923.12	0.9943	-0.57
2013	1月	855.31	789.12	1.0839	8.39
	2月	761.16	831.11	0.9158	-8.42
	3月	812.85	856.47	0.9491	-5.09
	4月	810.43	789.93	1.0260	2.60
	5月	863.84	871.69	0.9910	-0.90
	6月	833.44	845.31	0.9860	-1.40
	7月	826.23	837.88	0.9861	-1.39
	8月	820.72	829.25	0.9897	-1.03
	9月	891.23	884.60	1.0075	0.75
	10月	965.10	952.39	1.0133	1.33
	11月	919.20	897.54	1.0241	2.41
	12月	995.95	1 012.95	0.9832	-1.68

表 8-15 显示，若以误差指数绝对值等于 5 为临界值，绝大多数月份误差指数绝对值均低于 5，而 2013 年 1 月、2 月、3 月的误差指数分别为 8.39、-8.42、-5.09，其绝对值均大于 5，故我们认为 2013 年 1 月、2 月、3 月的四川省社会消费品零售总额数据可靠性较低。

参考文献

［1］吴雨蔓，朱胜．地区经济增长统计数据可靠性的评估［J］．统计与决策，2012（9）．

［2］东方杜奇．新时期统计数据质量可靠性研究［J］．特区经济，2005（4）．

［3］朱胜，吴雨蔓．纵观统计数据质量评估工作［J］．中国统计，2011（11）：52.

［4］姜忠波．浅谈统计数据质量评估［J］．科技资讯，2006（18）：239.

［5］陈弗里，林明，杨滨，刘昕光．统计数据质量评估与完善探讨［J］．统计与咨询，2007（06）：70－71.

［6］科技统计在经济发展中的作用研究［QL］．徐州科技信息网．http：//new. xsti. net.

［7］陈珍珍．要建立科学的统计数据质量评估体系［J］．统计研究，2007（12）：70－71.

［8］关于加强统计数据质量评估工作的意见［QL］．嘉兴统计信息网，2009－09－23.

［9］刘延年．如何评价统计数据的质量与可靠性［J］．统计研究，2002（8）．

［10］王华，金勇进．统计数据准确性评估的误差效应分析方法［J］．统计与信息论坛，2009（9）：10－16.

［11］滁州市统计局统计数据质量审核评估办法．来安县政府 http：//la. czzwgk. gov. cn/openness/content/detail/58340a475d21fb9545581a08. html.

［12］邓丽华．浅析统计数据质量评估方法［J］．电子商务，2013.

［13］刘延年．如何评价统计数据的质量与可靠性［J］．统计研究，2002（8）．

［14］薛金龙．统计数据质量的评估方法［J］．统计与决策，1996（9）．

［15］李进明．统计数据质量评估方法的研究［J］．信息工程，2004（15）．

［16］叶长法，岑国荣．统计数据质量评估方法探讨［J］．统计新思路，1997（4）．

［17］周丽君．统计数据质量评估方法探讨［J］．现代经济信息，2014（5）．

［18］许涤龙，叶少波．统计数据质量研究评述［J］．统计与信息论坛，2011（7）．

［19］成邦文，师汉民．多为统计数据质量检验与异常值识别的模型与方法［J］．教学的实践与认识，2003（4）．

［20］成邦文，石林芬．统计数据质量检查与异常值识别的模型与方法［J］．系统工程，2001（5）．

［21］何永秀，李艳．北京地区能源消费与经济增长的协整检验［J］．统计观察，2008（8）．

［22］刘向源，张两喜．区域能源消费与经济增长关系的实证研究——以"长三角"、"珠三角"和海西经济区为例［J］．台湾农业探索，2012（8）．

［23］韩璐．余华银区域能源效率评价及其影响因素分析［J］．战略研究，2011（8）．

［24］张晓燕，张志忠．西北地区能源消费、经济增长与碳排放的关系研究［J］．2012（2）．

［25］翟玲红，李荣．中国西部地区能源分析及预测［J］．科技管理研究，2012（1）．